「知的野蛮人」になるための本棚

佐藤　優

PHP文庫

○本表紙図柄＝ロゼッタ・ストーン（大英博物館蔵）
○本表紙デザイン＋紋章＝上田晃郷

文庫版特別講義《前編》

「知的野蛮人」になるための本屋さんの上手な活用法

講師：佐藤 優
聞き手：小峯隆生（筑波大学非常勤講師・筑波大学知的コミュニティ基盤研究センター客員研究員）

佐村河内守事件について調べる時、どのコーナーに行くべきか？

――2014年版の「書店の歩き方」を教えてください。

リアル書店とネット書店の二つを上手に使うことです。

まず、ネット通販サイトのアマゾン、または、紀伊國屋書店ウェブストアなどを見て、本の目星をつけます。注目するのは、「どれくらい売れているか」よりも、「どれくらいレビューがあるか」です。レビューの数が多いということは、それだけいろいろな人が反応した本ということですから。

こうして目星をつけた上で、リアル書店に足を運んで歩いてみるのです。

『「知的野蛮人」になるための本棚』を読むような人が行くべきは、東京ならば丸善丸の内本店、八重洲ブックセンター、紀伊國屋書店新宿本店、三省堂書店神保町本店、東京堂書店神田神保町店、ジュンク堂書店池袋本店、横浜ならば有隣堂横浜駅西口店といったあたりでしょう。大阪ならば、紀伊國屋書店梅田本店、ジュンク堂書店大阪本店。そのほかの地域でも県庁所在地ならたいてい大型書店がありますから、そこがいいですね。

――書店に入りました。目標の本のある書棚に直行ですか？

それではネット書店で買うのと同じになってしまいます。

目的の本をいきなり買うのではなく、必ず周辺を見て歩く。それから、見て回る時は必ず籠（かご）を持つこと。買いたいと思った本はとりあえず全部入れておく。そして、籠に入れた中から、最後に自分の資金が許す範囲で買えばいいのです。

――ということは、レジに行ってから「すみません、この本はいりません」と言ってもいいわけですね。

もちろん、かまいません。特に大型書店はそういう買い方を前提にして組み立てられています。実際、「返却するならここに置いてください」という表示や棚がある書店もありますよ。

――それは、便利です。

ネット書店で済ませず、リアル書店に行く意味はなにか。それは、目的の本だけでなく、その周囲にある本も目に入ることで、物理的に視野を広げることができる、という点にあるのです。

――ネット書店では、無理ですもんね。

一例を挙げましょう。少し前に話題になった佐村河内守(さむらごうちまもる)氏の問題について、ちゃんと調べたいと思ったとします。

――「日本のベートーベン」と言われていた人ですね。

この時、佐村河内氏本人の書いた本(注・二〇一四年四月現在絶版のため入手困難)や、彼について書いた本をいきなり取りに行くのではなく、まず、現代のクラシック音楽がどうなっているか、音楽全般の棚に行く。

次に、彼が起こした一連の事案に関しては、デヴィッド・W・モラーの『詐欺師入門』(光文社)のような本が参考になる。

さらに、彼にまんまと騙(だま)された側にはどんな問題があるのか。これは心理学の棚を見ます。

そして、3・11の被災地の問題や、「被爆二世」というキャラクターが利用されたことから、広島の原爆問題についても本を探してみる必要がある。

こうやって書店の中を歩き回りながら、視野を広げていくわけです。

ちなみに、この問題をインテリジェンスの視点から考えると、彼はセルフプロデュース能力がとても高い。これは、擬装能力です。KGB（ソ連国家保安委員会）流の言い方だと「レジェンド」、CIA（米中央情報局）ならば「カバーストーリー」。佐村河内氏は擬装の物語を作ることができた。インテリジェンスの高度な応用問題です。

このように、佐村河内問題を考えるためには、じつはかなり幅広い範囲の知識がいる。したがって、本を探すなら店内のあちらこちらを歩き回る必要があります。

「本屋を使いこなす技術」が学べる本をまず読む

本で教養をつけようとするならば、次に必要なのは、「本の読み方についての本」を買うことです。それも少しお金をかけて、です。

――豪華な国語辞書ですか？

少し違います（笑）。たとえば、9万5000円（税別）の『松岡正剛（せいごう）千夜千冊』（全8冊／求龍堂）を買っておく。

——無理です！

ならば、中央公論新社から出ている『立花隆の書棚』『松岡正剛の書棚』。または本書でもいいでしょう。

これらの本の基本的な機能は同じで、いろいろな書名が載っていて、その書評を読むものです。「本屋を使いこなす技術」を身につけるために、こういう本を読むのです。

私から見て、一番の「本読み」は、松岡正剛氏です。それから、斎藤美奈子、鹿島茂、立花隆、佐高信の各氏。こうした「本読み」の書いた読書についての本をきちんと読んだほうがいい。

——先達の本の叡智に学んで、知ってから、本屋に行く。

そうです。

そもそも、本書のような読書に関する本がなぜ今必要かというと、現在の日本は読み書きの言葉が危機的な状況にあるからです。

1980年代の半ば以降から流行っている、小さな差異を重視するポストモダン的な流れが限界にきている。

その危機的な状況を克服するために、こんな読書が必要だ——と提示しているのが、本書を含めた「本読みの書いた読書法」の本です。「生活のために読書をどう役立たせるか」とか、「世の中はどんな流れになっているのかという『大きな物語』を理解するための読書とは」といった考え方は、一見するとずいぶん古い読書法に思えるかもしれない。

しかし、１９８０年代以来、こうした読書法が古臭いとかナンセンスとか思われていたこと自体が、大いなる勘違いだったのです。人はそう大きく変われるものではありません。

——本書を読んだ時、スッと頭に入ってきたのは、本書で紹介しているのが１９７０年代までの読書法だったからなのですね。

そういうことです。

１９８０年から２０１０年までの30年間は、不毛な読書論の時代でした。たとえば歴史なら、通史はいらないと言われてきました。けれどもやはり、「大きな物語」がなければ歴史は理解できない。物語を回復しなければならないのです。

人は物語を求める動物です。小さな差異にこだわり、精緻（せいち）な、実証的なものを見ていくだけだとどうなるか。質の悪い、とんでもない「大きな物語」が出てきた時に、それに知らないうちに乗っ取られてしまうのです。

――物語で、物事を理解する。

そうです。この本が、原本の内容をほとんど改訂していない――金正日（キムジョンイル）が生きていたり、鳩山氏が首相のままになっていたりする――のもこのことと関係しています。

これは手を抜いているのではなくて、流れとして構造を見ないといけない、より具体的にいえば、本書のもとになった連載当時の歴史的なコンテキストの中で見ないといけない、ということです。この本の目的は、その時に起きた出来事についての解説ではなく、物事をどのように見るかを伝えることですから。

信頼できる本かどうかは、「真ん中」を読めばわかる

――つまらない本の見分け方を教えてください。

その前に、どうしてつまらないスカ本が出版されると思いますか？

――書き手に才能がないからですか？

それもありますが、重要なのは、本は「有価証券」だということ。出せばお金に換えられるということです。

出版社で社員が20人を超えると、編集者が作りたくなくて、営業も売りたくなくて、取次（出版社と書店の間をつなぐ流通業者）もありがたがらない、本屋も置きたくない本がどうしてもできてしまう。資本主義ですから。

だから、読者は「スカ本と、そうではない本を見分ける方法」をちゃんと学んでおかなくてはいけません。

どうするかというと、本の「真ん中」をまず読むのです。

――本のど真ん中を開いて、何を確かめるのですか？

なぜ真ん中を読むか。時間が足りずに雑に作って出している本は、真ん中あたりに誤植が多い。

それから、自分が知っている分野の固有名詞がでたらめな場合もダメ。そんな本を出している出版社は、いい加減な本を作る傾向があるから、警戒したほうがいいでしょう。

一方、よく言われるように「まえがき」と「あとがき」、目次を見て本を選ぶというやり方は危ない。そこは、編集者も著者も手をかけているからです。

――本の作り手の隙を突くわけですね。

それから、「本は見た目じゃない、内容だよ」というのも大嘘です。

内容がしっかりしている本は、表紙（カバー）、帯などの装丁が、しっかりしています。だから、不細工な本は手にしない。月並みなコピーの帯も要注意です。

――何とかさん、絶賛!!

「この本を読んで鳥肌が立った」、とか（笑）。

――目からウロコ!!

そんなありきたりな帯コピーで推薦している人たちは、明らかにその本を読んでいないと想定されますから、信用しないことです。

書評を参考にする時も注意しましょう。まず、ネットの書評は信用できないものが大半です。書評を読んだ人がその本をネット書店で買うと、書評の書き手にバックマージンが入ってくるようになっている場合もありますから。そういうカラクリを知りながら読む必要があります。

一方、新聞の書評は、難しいものを書評しなきゃいかんという傾向があるので、どうしても学術書中心になってしまう。だから本当に読まれている本との乖離が大きすぎる。また最近は、新聞の書評でも読まないで書かれているものが多いから、必ずしも当てにならない。

読まないで書く書評が多いからこそ、松岡正剛氏、斎藤美奈子氏、立花隆氏、鹿島茂氏、佐高信氏といったちゃんと読んで書いている評者は貴重なのです。

——その5人が、「絶賛」と言っている場合は大丈夫ですか?

それは大丈夫。なかなか「絶賛」をしない人たちですから。

良書をすすめてくれる「腕利き書店員」の見つけ方

——こうなってくると、本屋は当たり外れがあるから、くじ引きの現場ですね。

くじ引きとはちょっと違いますね。築地の魚市場と同じ、市場です。

――「目利き」にならなければダメ、ということですね。ただ、自分が「これはいい」と値踏みした本が、本当に良書だったらいいのですが……。

それは、ある程度の目がないとわからないですね。

そこで、買う側に指針を示してくれる腕利きの書店員が必要になる。良い書店員かどうか見極めるポイントは、何かのテーマに対して「pro et contra」を示すことができるかどうか、です。

――何語ですか？　それ……。

ラテン語です。pro＝賛成。et＝または。contra＝反対。つまり、賛成と反対がちゃんと示せる書店員です。たとえば、安倍首相の靖国参拝に関する本について聞いた時に、「賛成している本はこれ、反対している本はこれ、中立だったらこの本ですね」といってくれる書店員がいいわけです。

――そんなふうにすすめられたら、3冊とも買っちゃいますよ。そんなに本にお金をかけられない貧乏人は、どうしたらいいですか？

難しい本を買えばいいのです。

30分で読めるような本ではなく、読むのに時間がかかるような本を買う。『世界十五大哲学』（PHP文庫）だったら、1週間はかかります。

さらにおすすめなのはメルヴィルの『白鯨（はくげい）』（岩波文庫〈上・中・下巻〉／新潮文庫〈上・下巻〉／講談社文芸文庫〈上・下巻〉）。これは総ページ数が1000ページ以上あって、分厚い。内容もエイハブ船長の話だけではなく、当時の船の話から捕鯨法まで書いてある。

――それは、読むのに時間がかかって、費用対効果が高いです。でも、「時間をかけて読んだけどスカ本だった」ということになったら目もあてられませんよね。

だからこそ、『立花隆の書棚』『松岡正剛の書棚』といった本をまず読む必要があるのです。もしそのお金ももったいないというなら、書店員に「読むのにけっこう時間がかかって、なおかつ、それだけの時間をかけるのに値する名著を教えてください」と率直に聞いてもいいと思います。

――図書館で借りて読むのはダメですか？

図書館は使わないほうがいいと思います。お金はかかりますが、本は本屋で買うことです。読みながら書き込みをすることで「自分の本」にしていくことが、なんといっても重要ですから。それに、人はケチだから、所有したほうがその本に愛着が湧くものですしね。

（本書の巻末に、「文庫版特別講義《後編》」があります）

まえがき 「ようこそ、ラズベーチク・ライブラリーへ」

われわれは、誰もが野蛮人である。この現実を見据えることが重要だ。

現代社会は複雑で、世の中で起きていることを正確に理解するためにはさまざまな知識が必要になる。確かに日本は世界でもっとも教育水準の高い国だ。アジアにありながら欧米列強の植民地にならず、太平洋戦争敗北後の荒廃から社会と国家を見事に復興させたわが日本民族は、客観的に見て優秀である。しかし、現在の日本が衰退傾向にあることは、残念ながら、事実である。どうしてなのだろうか？

それを解く鍵がドイツの社会哲学者ユルゲン・ハバーマスが唱(とな)える「順応の気構え」という言葉にある。理解できないことが生じた時に「誰かが説得してくれる」と無意識のうちに思って、自分の頭で考えることをやめてしまうのが「順応の気構え」だ。テレビのワイドショーでは、殺人事件、芸能人のスキャンダル、政治、経済、外交などについて、コメンテーターが15〜30秒でコメントをする。「よくわからないけれど、有名な人がそう言うのだから」と無意識のうちに思って、順応してしまうのである。そうするうちに人類は徐々に野蛮人化していく。そして、最後には自分が野蛮人であるということにすら気づかなくなってしまう。文明国であったドイツからアドルフ・ヒトラーが出てきたのも、ドイツ人の多くが自分の頭で考えることをやめ、「順応の気構え」を持つようになってしまったからだ。

ひとりの人間の能力や経験には限界がある。この限界を突破するためには、他人の知識や経験から学ぶことが重要である。そのためにもっとも効果的な方法が読書だ。読書によって代理経験を積むのだ。そういえば、高度成長期の日本では、電車の中で本を読んでいる人が今よりもはるかに多くいた。あの頃の日本人は、自分が野蛮人であることを自覚していたので、本を読んで知識や経験を積んで教養人になろうと努力していた。読書によってわれわれが教養を積んでいくことがとても重要なのである。

読書によって教養をつけるためのコツがある。数学で分数が理解できていない人が、微分、積分に関する本を読んでも、絶対に内容を理解することはできない。それと同じように政治や経済、あるいは恋愛についても、本には読む順番がある。世の中には難しい内容を入門者向けにわかりやすく書いた本がある。こういう本をきちんと読んでおけば、自分の頭で現在起きている出来事を読み解くことができるようになる。

私は『「知的野蛮人」になるための本棚』で、読書好きの人だけでなく、今まであまり本を読んだことがないという人を思い浮かべながら、野蛮人を脱し、教養人になるための道案内をしたい。是非、最後までお付き合い願いたい。

２０１１年8月16日　箱根仙石原の仕事場にて

佐藤　優

「知的野蛮人」になるための本棚／目次

第二章 日本という国がわかる書棚

第三章 世界情勢がわかる書棚

第一章　人生を豊かにする書棚

1 意味のある読書とは何か

――著者と対話しながら、自分の頭で考えることを繰り返そう

『ぼくらの頭脳の鍛え方――必読の教養書400冊』

立花隆、佐藤優　文春新書／２００９年

「知の巨人」立花隆と、「知の怪物」佐藤優。博覧強記（はくらんきょうき）の2人が膨大な愛読書を持ち寄り、〝総合知〟をテーマにして、古典、歴史、宗教、科学を縦横無尽に語り尽くしたブックガイドの決定版。４００冊の書き下ろし解説つき。

『打ちのめされるようなすごい本』

米原万里　文春文庫／２００９年

ロシア語会議通訳、エッセイスト、作家として活躍し、２００６年に亡くなった米原万里（まり）。無類の本読みとしても知られていた彼女が、最後の力を振り絞って執筆した壮絶ながん闘病記と、10年間にわたる全書評を集めた1冊。

最初に以下の2冊を通じて読書の仕方について考えてみたい。

①立花隆、佐藤優『ぼくらの頭脳の鍛え方——必読の教養書400冊』（文春新書、2009年）

②米原万里『打ちのめされるようなすごい本』（文春文庫、2009年）

私は功利主義者だ。それだから意味のない読書はしない。娯楽のためならば、難しい本を読むよりも、漫画を読んだり、映画を観たり、あるいは居酒屋で一杯やっていたほうがずっといい。

個人で経験できることは限られている。それだから読書を通じて他人の経験や勉強を自分の役に立つように取り入れていくのだ。こういう人生の役に立つ知識を教養という。

「知の巨人」である立花隆は、教養についてこう述べる。

〈十年ほど前、東大で講義をした後、ある学生が僕のところにやってきて質問をしたんです。「教養ってどうすれば身につけられるんですか？」。はじめは質問の意図がよくわからなかったのですが、彼らと話しているうちに、彼らは「教養」という何かワンセットの知識を身につける、手軽な速習法のようなものがあると思っているらしい

ことがわかってきた。ビックリしましたよ〉（①211頁）

教養を手に入れるためのマニュアルは存在しない。また、何冊かの教科書や参考書を読んでも教養人にはなれない。

本を読み、著者とこつこつと対話しながら、読者が自分の頭で考えることを繰り返すうちに徐々に教養が身についてくる。

故米原万里さんは私が尊敬する教養人だ。米原さんは、嫌いな人が書いた本でも、著者の人格とは切り離してテキストを読むことができた。

自由を愛する米原さんはスターリンを嫌悪した。しかし、スターリンの作品については、田中克彦『「スターリン言語学」精読』（岩波現代文庫、2000年）の書評を通じてこういう評価をしている。

〈考察の対象となっている、スターリンの「マルクス主義と言語学の諸問題」の訳文も併載してあり、毛嫌いしていたスターリンの文章に直に目を通すことが出来た。そして、ぶったまげた。内容の圧倒的大部分が、とくに、「民族」の概念規定に「言語」を不可欠の決め手としている点や、「言語」を「下部構造」でも「上部構造」でもないとしている点、「言語」に「階級性」は無いとしている点など、今日の常識に照らして

みても客観的で説得力がある〉（②44頁）

その上で、米原さんは〈悪は「まともさ」の延長線上にある。だからこそ恐ろしい〉（②46頁）と述べる。

こういう読書の仕方をするのが本物の教養人だ。自分の主観的な、好き、嫌いという基準で読書をしても、それはなかなか教養には結びつかない。

そこで重要なのは、オーストリアで生まれ、主にイギリスで活躍した社会学者、カール・ポパーの反証主義という方法だ。

この点について私と立花隆氏のやりとりを見てほしい。

〈立花　相手の主張を最後まで聞いた上で、具体的にどこがおかしいかを批判していく。それによってその主張の本質的な部分が崩れるかどうか吟味していく。ポパーは実験や観測によって反証可能な仮説であることが、科学的な仮説であるための必要条件とした。逆に、何でも説明してしまう反証不可能な仮説は、科学的ではないと批判しました。細木数子の「心を入れかえなければ、地獄に堕ちるわよ」っていうのも反証不可能。

佐藤　反証主義が根付いていない日本は、ディベートと国際スタンダードでの書評

がない国なんです。基本的にネガティブな書評が、日本の文化ではやりにくい。論戦でも、論理は無視して、争点もないまま、人格的な誹謗中傷に終始する。こういう文化ですから〉（①224頁）

日本人の場合、面と向かって批判すると、それを侮辱と受けとめる文化がある。この文化はおそらく今後も変わらない。

だから書評でも、「ここに問題がある」というような手厳しい批判は絶対に出てこない。稀に「こいつは嫌いだ」という感情に基づく誹謗中傷を並べた書評を目にする。著者が言っていることを虚心坦懐に捉えようとしない悪口を読んでも、そこから得られるものなどない。

私は本を取り上げるにあたって基準を設けた。読者が私の紹介した本を買っても「つまらない。カネを返せ」というクレームがこないようにするという基準だ。

読書をする人は、しない人と比べて人生が4~5倍豊かになると私は信じている。

2 猫が教える「信頼関係」

――仕事を大切にし、家庭を大切にする猫のような人は信頼できる

『キャット・ウォッチング――ネコ好きのための動物行動学』

デズモンド・モリス／著　羽田節子／訳　平凡社／1987年

「ネコはなぜ膝の上で爪を立てるのか」「ネコはなぜ喉をゴロゴロ鳴らすのか」など、ネコに関する素朴な疑問約60項目に、世界的に有名な動物行動学者である著者が答える。ネコという身近な動物の知られざる特性が明らかに。

『吾輩は猫である』

夏目漱石　新潮文庫／2003年

文豪夏目漱石による、あまりにも有名な長編小説。自分を「吾輩（わがはい）」と呼ぶ一匹の猫の目を適して、人間や社会そのものを、ユーモアを交えながらシニカルに描く。猫の仕草に着目して読むと、普段と異なる楽しみ方ができる。

最近では私が猫好きであるということがかなり知られるようになり、猫に関する取材を受けることも多くなった。ただ、私は猫だけでなく、犬、鸚鵡（おうむ）、文鳥、亀などの小動物はだいたい好きである。小動物以外でも、動物園でさまざまな動物を見るのが好きだ。

もっとも、動物園の動物たちと比較して、人間との付き合いが長い犬と猫は表情があるので面白い。

本項では猫について、①デズモンド・モリス／著　羽田節子／訳『キャット・ウォッチング――ネコ好きのための動物行動学』（平凡社、1987年）、②夏目漱石『吾輩は猫である』（新潮文庫、2003年）の2冊を手がかりに考えてみたい。

猫が面白いのは、なつかないようでなついているからだと私は考える。

〈ネコは幼いときの教育のおかげで、かろうじて飼いならされた動物でいられるのだ。子ネコ時代に他のネコ（母親や兄弟）と人間（ネコを飼っている家族）の両方といっしょに暮らすことによって、両方に愛着をもつようになり、自分が両方の種に属すると考えるようになる〉（①10頁）

確かに猫と遊んでいると、ときどき猫は人間の言葉がわかるだけでなく、心まで読むことができるのではないかと思うことがある。

こういう人間の心理を夏目漱石はうまくついた。〈吾輩は猫である。名前はまだ無い〉（②5頁）というのは、この小説の有名な冒頭であるが、吾輩＝猫は、社会的になんの役にも立たない知識人（インテリ）を彷彿させる。

もっとも、普通の（つまり、人間の）知識人は虚勢を張ったり衒学的になるが、猫の知識人（知識猫？）はこのような人間の知識人たちの性格に根源的批判を投げかける。

〈主人は何に寄らずわからぬものを有難がる癖を有している。これはあながち主人に限った事でもなかろう。分らぬところには馬鹿に出来ないものが潜伏して、測るべからざる辺には何だか気高い心持が起るものだ。それだから俗人はわからぬ事をわかった様に吹聴するにも係らず、学者はわかった事をわからぬ様に講釈する。大学の講義でもわからん事を喋る人は評判がよくってわかる事を説明する者は人望がないのでもよく知れる〉（②363～364頁）

私は文章を書く時に、しばしば吾輩（＝猫）のこの批評を思い出すことにしている。そして、難しいことについて、いかに内容を変えずに、できるだけやさしく多くの読者に伝えられるかを考える。

なぜ漱石は自分の思想を猫に仮託して語ったのであろうか？　漱石自身は理由を述べていないけれど、私の理解では、猫は人間との信頼関係を決して裏切らないからだと思う。

モリスは、人間が猫との関係によって解放された気分になる理由についてこう述べる。

〈人間関係のような複雑さや裏切りや否定などがない心理的な関係も重要である。人によって程度こそちがえ、誰でもみな人間関係によって傷つくことがある。精神的にふかく傷ついたために、ふたたび人間を信頼できなくなる人もいる。こうした人々にとって、ネコとのきずなは大きな報酬となり、それによって彼らはかくされた傷をいやし、皮肉っぽい態度や懐疑的な態度をすて、人間関係における信頼関係をとりもどすことすらできる〉（①172頁）

モリスのこの指摘は、私自身の経験に照らしても正しいと思う。

2002年5月14日に私は〝鬼の特捜〟（東京地方検察庁特別捜査部）に逮捕され、512日間の独房生活をすることになった。

あの時の経験でいちばん辛かったことは、狭い独房に閉じこめられたことでも、麦3割米7割の食事を毎日とったことでも、取り調べでもない。私が信頼していた同僚、上司、学者が検察官を相手に作成した調書を読んだ時だ。弁護士から差し入れられたA4判のコピー用紙2万枚近くの書類を私は1週間かけて読んだ。ほとんどの外務省員、学者が、私を罪に陥れるために事実と異なることを供述していた。

この経験の後、私は「人はどんなによい人でも強い圧力が加えられれば必ず裏切る動物だ」という認識を持つようになった。これに対して、猫は、餌を与え、トイレの掃除をする人間との間で確立された信頼関係を裏切ることはない。

この類比で、私は猫のような性格の人間を信頼することにしている。餌を確保する仕事を大切にし、排泄をする場である家庭を大切にする人だ。

独房から出てきた後は、この基準で人間と付き合っているが、今までのところ失敗したことはない。

3　ウミガメに見る女の本質

――かわいさの陰に潜む「肉食系女子」の本性

『カメのきた道――甲羅に秘められた2億年の生命進化』

平山廉　ＮＨＫブックス／２００７年

恐竜のように大型化するのではなく、哺乳類のように活発に代謝をしてスピードと知能を手にするのでもなく、「低代謝」という道を選んだカメ。他の生物には見られない、カメが辿ったユニークな進化の過程がわかる本。

『新版　日本のむかし話3――浦島太郎ほか全17編』

坪田譲治　偕成社文庫／２００７年

日本児童文学の第一人者が、語り継がれてきた良質なむかし話を選りすぐったシリーズ。「浦島太郎」をはじめ、「はなたれ小僧さま」「山んばと小僧」「ネズミのすもう」などを収録。素朴な語り口があたたかくて懐かしい。

２００９年3月25日、私は小笠原諸島の父島で興味深い体験をした。アオウミガメの放流だ。アオウミガメは19世紀半ば頃まで、遠洋航海に欠かすことができない食料だったという。父島では、現在もアオウミガメを食用にする。そのため資源保護の観点から父島の小笠原海洋センターでカメを養殖して、８ヵ月くらい、体長30センチ程度になったところで放流する。

私が放流予定のアオウミガメの子供を抱きかかえると前脚をばたばた振る。ちょうど頭の上で拍手をするような感じだ。珊瑚（さんご）が砕けてできた白い砂浜に子ガメを放すと、本能で十数メートルをよちよち歩いて海に向かっていく。そして、海に入った瞬間に雄大に泳ぎ出す。

もっとも、こうして放流されたアオウミガメの子供たちも、大多数が他の大きな魚や鯨（くじら）などに食べられてしまうという。

本項では海洋民族である日本人と親しい関係にあるウミガメについて、①平山廉『カメのきた道——甲羅に秘められた2億年の生命進化』（ＮＨＫブックス、２００７年）、②坪田譲治『新版　日本のむかし話3——浦島太郎ほか全17編』（偕成社文庫、２００７年）の2冊を手がかりに考えていきたい。

カメは爬虫類であり、蛇やトカゲの仲間だ。それにもかかわらず、人間から親しみをもたれている。

私の祖母は沖縄の久米島出身だが、上江洲カメという名だった。男でもひと昔前まで亀吉、亀之助というような名前もよくあった。

人間が蛇やトカゲと異なり、カメに感情移入をすることが可能になるのは甲羅があるからだと思う。

〈ウミガメに限らず、カメは自然保護活動の象徴的な動物といえるだろう。したがって、まったく関心や好意をもたれない野生動物にくらべると、絶滅はしにくいのであろう。甲羅をまとったユニークな姿が、自然に好意的な人たちの関心を高めてカメたちの生存にプラスに働いているということになる。こういう意味で甲羅がカメを保護することになるとは、自然淘汰の神様も予想できなかったに違いない〉（①１８８頁）

ウミガメは昔話の題材にもなっている。誰もが知っている浦島太郎も、いじめられているカメを助けたお礼にカメの甲羅に乗って竜宮城に行った。そして、おとひめから玉手箱をもらい故郷に帰ると、４世代（約１００年）くらい時代が流れていた。寂しくなって玉手箱を開けると煙が出てきて、浦島太郎はあっという間に老人になってしまったという話だ。

だが、ここで紹介する坪田譲治が翻案した浦島太郎の内容はだいぶ異なる。浦島太郎は漁師だが、ある日、漁に行ってもカメしか釣り針にかからない。同じカメが何度も釣り針にかかるので、できるかぎり遠くに投げ込んだ。

すると大きな外国船がやってきて、浦島太郎は「竜宮のおとひめさまのおつかい」と称する船頭に誘われて船に乗る。竜宮城でご馳走（ちそう）をふるまわれ、おどりと音楽の楽しい日々を3年過ごし、故郷に帰ってくると、4世代が経過し、縁者は誰もいなくなっていた。

〈しあんにあまって、浦島太郎は、おとひめからもらった三かさねの玉手箱を、ふところからだしました。そして、まず、いちばん上の箱のふたをあけてみました。すると、そこには、ツルの羽がはいっておりました。つぎの箱のふたをあけてみますと、なかから、ユラユラッと白い煙があがって、その煙で、浦島太郎は、いっぺんに、おじいさんになってしまいました。頭はしらが、あごには白ひげ、腰のまがったおじいさんになってしまいました。第三の箱をあけますと、なかには、鏡がはいっていました。鏡をみると、じぶんが、すっかり、おじいさんになったことがわかりました。

――ふしぎなことだ。

と、鏡をみながら、おもっていますと、さっきのツルの羽が、風にふかれて、舞いあがったようにみえましたが、やがて、それが、大きな鳥のつばさになり、浦島太郎の背中にはりつきました。そして、浦島太郎は、一わのツルになってしまいました。ツルは、空へ飛びあがって、しばらく、おかあさんの墓のまわりをとんでいました。ちょうどそのとき、おとひめは、カメになって、浦島太郎をみるために、そこの浜へはいあがったということです〉（②163～165頁）

そもそも最初に現れたカメがおとひめの化身だったのだ。母親の吸引力があまりに強い浦島太郎をなんとしても自分の夫にしようと、あれこれ謀略をめぐらす「肉食系女子」がおとひめの本性なのだ。

ウミガメのかわいさの陰には怖さが潜（ひそ）んでいる。

4　京都に学ぶ人間の裏・表

――ロシアで物事を裏読みする時に京都のイケズ解釈が役立った

『イケズの構造』
入江敦彦　新潮文庫／２００７年
他府県の人々をおびえさせる《京都人のイケズ》を、京都出身の著者が徹底分析。「イケズってなに？」「ぶぶづけの誕生」といった基本知識から京都ことば講座まで、笑えるエピソードを交えつつ多方面からアプローチしている。

『暗い絵・顔の中の赤い月』
野間宏　講談社文芸文庫／２０１０年
１９３０年代後半の京都を舞台に、特高警察の監視の目が光る中、革命運動に身を投じる若者たちを、友人でありつつもどこか冷めた目で見る主人公の視点から描く（『暗い絵』）。題名にもなった、ブリューゲルの絵の描写も有名。

私は、大学・大学院の6年間を京都で過ごした。京都は学生と観光客には優しいといわれるが、確かにそうだ。ただし、京都出身の人と結婚し、内側の世界に入ると、「お客さん」の時とは違う世界があると、外から京都に移り住んだ私の友人は異口同音に文句を言う。

もっとも、文句を言いながら、実は京都に住むようになったことに満足し、自慢しているのである。

きわめて奥行きが深い京都について、以下の2冊を手がかりに考えてみたい。

①入江敦彦『イケズの構造』（新潮文庫、2007年）
②野間宏『暗い絵・顔の中の赤い月』（講談社文芸文庫、2010年）

京都の特徴が「イケズ」だということは誰もが指摘する。しかし、イケズを積極的に定義することは難しい。イケズは陰険や意地悪とは異なる。真理は具体的だ。

入江敦彦氏はイケズを具体例で説明する。取材先でコーヒーを勧められたので、お願いしたら、いつまでも出てこない。この場合、イケズかどうかの判断をどうするかという設問だ。

〈A　ただ単に「コーヒー飲まはりますか」と言われたのか。
B　あるいは「そない急かんでもコーヒーなと一杯あがっておいきやす」か。
C　それとも「喉渇きましたなあ。コーヒーでもどないです」だったのか。
D　もしくは「コーヒーでよろしか」と訊かれたのか。
仮に、初対面に近い京都人があなたというよそさんにコーヒーを勧めるとしたら、その表現は大きく分けて以上四つのバリエーションに分かれます〉（①38頁）

A、Bはあいさつの一種なので、真に受けてはならない。

〈怖いのがC。なぜならこの台詞は京都人にとって精一杯のストレートな「撤収！」の合図。この台詞には脊髄反射で鞄を抱え直さねばなりません。喉渇きましたなあと〝疲れ〟を強調したうえで訊ねるのは、辞退してくれというメッセージだからです〉（①39頁）

私の経験から言っても、確かにそのとおりである。「それではお願いします」とコーヒーを頼んでもいいのは、意思確認を求めるDの場合だけだ。

もっとも、京都的言語が理解できない外部の人々を排斥しない寛容さを京都人は持っている。野間宏が描く戦前の京都の学生生活にその雰囲気が現れている。

〈「うん、まあそれはそれでいい。それもあるけどねえ。俺はしゃべるよ、今夜。いいだろう。そうだよ、俺はこの間から考えてるんだがね、この最近三年間の京大は、ちょっと不思議に聞えるかも知れないが左翼の楽園だったんだよ、このことはよく注意してみる必要がある。こんな風景はいまどきの他の大学にはないんだね。考えて見れば、俺達の大学へ入った年、高等学校を追放されたり、処分をくらったものが、みなここに集って来たのだ。いわば一応の花ざかりさね。暗い花ざかりと言ってもいいね。」木山省吾は言葉を切った〉(②92頁)

私が京都の同志社大学と大学院で学んだのは１９７９年から１９８５年までのことだ。東京では学園紛争ははるか昔に終息していた。しかし、古代に大陸から切り離され、独自の生態系が発達したガラパゴス諸島に引っかけて「同志社ガラパゴス」と揶揄(やゆ)されたわが学園では、赤いヘルメットを被(かぶ)った学生たちがときどき暴れていた。１回生の期末試験は学生たちによるバリケード・ストライキで中止になった。３回生の期末試験は大学側のロックアウトで中止になった。私たち神学部の学生たちは赤ではなく黒いヘルメットをときどき被っていた。赤が共産主義系であるのに対して、黒はアナーキズム(無政府主義)系のシンボルカラーだった。

もっとも、気の合う学生たちで集まって神学や哲学の勉強もかなり一生懸命した。その時、身につけた知識は外交官や作家になってからも活かすことができた。同時に京都生活でイケズの感覚をなんとなく理解できるようになったことが外交官生活でも役に立った。

〈どうやら沙翁（引用者注・シェイクスピア）はイケズなだけでなく根本的に物事の捉え方が京都人に近いようです。「綺麗は汚い、汚いは綺麗」。『マクベス』幕開きに響き渡る魔女たちの喚びは観客を混乱させ、秩序の狂った物語世界に誘う役割を果たしている——とされていますが、本当にそうなんでしょうか。京都人にとって、この台詞は謎めいていても矛盾してもいません。むしろ大釜を掻き混ぜながら世界を俯瞰しているような魔女たちの醒めた視線を感じます。だって言葉が、その表書き通りであるわけがないのは当たり前じゃないですか〉（①145頁）

私も入江氏の見解に賛成だ。外交官としてロシアで物事を裏読みする時に京都のイケズ解釈がとても役に立った。

5 学歴に振り回されないために

——東大出の外交官で「本当に頭がいい」と思えたのは5人もいない

『学歴ロンダリング——楽して東大卒の学歴を手に入れる方法教えます』

神前悠太、新開進一、唯乃博　光文社／2008年

それぞれ筑波大学、千葉大学、東京理科大学から東京大学の大学院に入り「学歴ロンダリング」した3人の著者が、ラクして東大卒の学歴を手に入れるためのあの手この手を伝授。入学のノウハウだけでなく、就職の実態も。

『マルクス・エンゲルス選集第3巻——哲学の貧困　ドイッチェ・イデオロギー』

大内兵衛、向坂逸郎／監修　新潮社／1956年

フランスの無政府主義者プルードンの「貧困の哲学」に対抗して書かれた「哲学の貧困」。価値、貨幣から分業、労働問題まで多岐にわたり、小ブルジョア的社会主義を痛烈に批判し、マルクス経済学説の基礎を築いた。

日本の学歴信仰は異常だと思う。特に偏差値の高い大学を出るとバラ色の人生が保証されているなどという発想は現実と合致していない。完全に間違っている。

率直に言って、東大信仰は霞が関（中央官庁）では、ずっと昔から存在していない。例えば、元外務事務次官の藪中三十二（やぶなかみとじ）氏は大阪大学を中退している。その2代前の外務事務次官だった竹内行夫氏も京都大学卒だ。

最エリート集団であるといわれる検察庁の検事たちも、私大出身者がけっこう多い。また旧国立大学出身でも、やり手検事として特捜（特別捜査部）で鳴らし、その後、弁護士に転身した田中森一（もりかず）氏（懲役刑が確定し、２００８年3月から服役。２０１２年11月に仮出所）は岡山大学の出身だ。

①神前（かんざき）悠太、新開進一、唯乃（ただの）博『学歴ロンダリング――楽して東大卒の学歴を手に入れる方法教えます』（光文社、２００８年）を読んだが、なぜ東大の大学院に進んで「学歴ロンダリング」（出身大学よりも難しそうに見える大学院に進学すること）をしようとするのか、動機がわからなかった。

〈多くの学生にヒアリング調査を行った結果、東大大学院に進学したことで、長年苦

しんできた「学歴コンプレックス」を解消することに成功したと考えた人が多数いました〉（①49頁）

この感覚が私にはどうしても理解できない。こういう形で東大大学院に進んでも、財務省や外務省に就職できなかったり東大の教授になれなければ、再びコンプレックスを持つのではないだろうか。つまらぬ偏差値競争から抜け出すことのほうが、学歴ロンダリングのために頭を使うよりもずっと重要だと思う。

私も高校3年生の時に東京大学文科二類を受験して不合格になった。受験勉強の量が圧倒的に不足していたからだ。それで1年浪人したが、むしろほんとうに勉強したいのは神学だと思ったので、同志社大学の神学部に進んだ。今はどうなっているかわからないが、当時の神学部の入試は同志社のなかでも極めてやさしく、受験科目の英語、国語、社会科もしくは数学について、高校の教科書を理解していれば十分合格できた。

教授たちは語学が抜群にでき、神学的にいずれも国際水準に達した学者たちだったので、大学と大学院の6年間はとても充実していた。それに生涯の友を数人得た。私にとって最大の財産だ。

その後、外交官試験（専門職）を受けたが、この試験に落ちる東大生や京大生もけっこういる。外交官になってから東大出身者、それも比較的成績がよい連中が周囲にはたくさんいたが、「こいつは本当に頭がいい」と思ったのは川島裕(ゆたか)元外務事務次官をはじめ5人もいない。

また、東大の教養学部の専門課程で6年間教鞭をとったが、学生たちは決して天才集団ではなかった。ただし、与えられた教材をきちんと消化して再現する能力には長(た)けていた。これは官僚になる場合には重要な資質である。

東大、京大、早稲田、慶應などの偏差値の高い大学を卒業した人で、いつまでも出身大学にこだわるのは現在の職場で自分の場所を見つけられない「劣位集団」に属しているから、というのが私がこれまでみてきた経験則だ。

「学歴ロンダリング」などという思想（哲学）的に貧困な事柄にエネルギーを費やすより、実力をつけ、ほんとうの友達をつくる努力を、今いる場所でしたほうがいい。

一部上場(じょうじょう)企業で、競争に勝ち抜いて執行役員になっても年収は2000万円にもならないであろう。国際基準では資本家とは言えない。マルクスの『資本論』が想定する熟練労働者に毛が生えたくらいのものだ。

「学歴ロンダリング」の背景にある競争の思想を克服するために、②カール・マルクス「哲学の貧困」〔近江谷左馬之介、湯村武人、副田満勝／訳〕（大内兵衛、向坂逸郎／監修『マルクス・エンゲルス選集第3巻』所収、新潮社、1956年）を読んでみるといい。

〈大工業が互いに面識のない多数の人数を一箇所に寄せ集める。競争が利害関係によって彼らを分離する。しかし、賃金の維持が、彼らが雇主たちに対抗してもっているこの共通利益が、抵抗という同一の考えの中に彼らを結合する、――これが団結である〉（②133頁）

学力は人間の能力を測る指標のひとつにすぎない。それを過大評価することは間違いだ。「学歴ロンダリング」で自分を等身大以上に見せるという発想の後ろには、競争で他人を蹴落としたいという欲望が潜んでいる。実はこのような欲望は近代資本主義になってから流行したものにすぎない。学問は真理をつかむための道具だ。ここから外れて大学院に進んでも時間を無駄にするだけだ。

6 理想の仕事に就くには

——人事担当者は海千山千で、簡単に騙されるようなお人好しは誰もいない

『就活の法則——適職探しと会社選びの10ヵ条』

波頭亮　講談社BIZ／2007年

2人に、ひとりがなぜ就職に失敗するのか？　日本の全企業200万社から自分に合う1社を見つけるためのシンプルなルールを、戦略系コンサルタントが解説。「人気企業ランキングは逆に読む」など意外なアイディアも。

『就活って何だ——人事部長から学生へ』

森健　文春新書／2009年

JR東海、三井物産、全日空、三菱東京UFJ銀行など、人気企業の現職人事部長たちが「今こそ欲しい人材」を語る。彼らの話に共通するのは「就活マニュアルに惑わされるな」。では、どうすればいいのか？　現場の本音が聞ける1冊。

成人式を迎えたからといって、社会から大人と認知されるわけではない。自らの労働で生活するようになることが大人の条件だ。その意味で、就活は、人生にとって重要な意味を持つ。

就活に関する以下の2冊を手がかりに、どうすれば理想の仕事に就くことができるか、考えてみよう。

①波頭亮『就活の法則——適職探しと会社選びの10カ条』（講談社BIZ、2007年）
②森健『就活って何だ——人事部長から学生へ』（文春新書、2009年）

私は就活をしたことがない。当時は、「指定校制度」というものがあり、主要企業は、会社訪問を受け付ける大学と学部を指定していた。

私は同志社大学神学部の出身だが、同志社大学は指定校に含まれていても、「ただし、神学部を除く」という注意書きがなされていることがほとんどだった。「同志社大学全学部」という指定がなされていても、神学部の学生が企業訪問をすると怪訝な顔をされるだけだった。もちろんキリスト教関係の人脈で縁故就職することもできたが、私の場合は、他人に「借り」をつくるのが嫌いな性格なので、外交官試験を受けることにした。落ちたら、ヨーロッパの大学に私費留学して、外国の大学か研究所に就職しようと漠然と思っていた。

外交官試験の合格は筆記試験の点数でほとんど決まる。二次試験の面接で落とされるのは、よほど奇怪な返答をするか、あいさつがまったくできないというような、極度に社交性を欠く受験生だけだ。すべては試験の成績で決まるので、選考に関して、理不尽だという感想は落ちた人でも持たない。

これが民間就職となると、だいぶ事情が異なる。

〈結論から言うと、現在の就活は、就活市場も合理的に機能していないし、また就活を行っている学生の会社選択の判断も合理的ではない。つまり、現在の就活では、マクロ的にもミクロ的にも合理性を欠いた活動が行われているのである。そのため、企業の側は毎年1000億円以上と言われる採用コストを投じ、学生の側は授業やアルバイト以上に時間とエネルギーを費やしても、半数以上の就活失敗者と3割以上の早期離職者という残念な結果を生んでいるのである〉（①9頁）

人事課の採用担当者もサラリーマンだ。変な人材を採用してしまい、「お前、人を見る目がないのか。なんであんな奴を採用したのだ」と責任を追及されることを恐れる。そうなると、同じ学生なら偏差値の高い大学出身者をとっておけばよいという安易な姿勢に流れる。就職戦線の現状は、このような人事担当者の自己保身の壁を越えることができていないように思える。

就活マニュアルに書いてあることを額面どおりに受け取るとひどい目に遭う。

例えば、課外活動に関する評価だ。

〈かつて大学生の学外活動と言えば、サークルやアルバイトぐらいだったが、現在ではそこにNPOやNGOといったボランティア活動が加わっている。活動内容は国内外の教育や福祉、地域活動などで、何らかの社会貢献に与していることが多い。

こうした活動履歴については、主体的な取組みの程度にもよるが、面接官はたいてい好感を抱く。たとえばアジアや南米の奥地に入り、設備も整っていない環境で教育活動を行ってきたとなればおのずと評価は高くなる。ただし、面接官がその活動や考えすべてを全面的にプラスに捉えているかと言えば、そうではない〉（②248～249頁）

先日、私は、ある大手マスコミで新入社員採用を担当している友人（記者）と話をした。その記者は、「課外活動だけをアピールする学生についてマイナス評価をした」と言っていた。私がなぜかと尋ねると、その記者は「学生の本分は勉強である。そのことについて、きちんと語ることができないにもかかわらず、趣味である課外活動についてアピールするという姿勢自体が、職業記者としての資質に反する」と強調していた。

人事担当者が海千山千であるのも事実だ。簡単に騙されるようなお人好しはひとりもいない。受験生が企業ごとに「期待される人間像」を使い分けても、すぐに見抜かれてしまう。

〈また、面接を受ける企業に合わせて自己アピールの内容をコロコロ変える学生がいるが、これも避けるべきである。たとえば、トヨタ自動車の採用面接で「私は適応力と調和力のある人間です」と言って組織人としてうまくやっていけることを強くアピールした学生が、ソニーの面接では「私はクリエイティブな人間です」と感性の高さをアピールしたりする。しかし、そのような小器用な受け答えをしていると、いずれ必ず破綻するものだ〉（①123〜124頁）

よく肝に銘じておくことだ。

7 詐欺師の視点に学ぶ

——エリートではなく、なぜ中堅に日本の死角が見えたのか

『詐欺の心理学』
取違孝昭　講談社ブルーバックス／1996年
欲望につけ込む、不安をあおる、権威をかたる、社会システムを逆手にとる……詐欺師たちはどんなテクニックを使い、人間のどのような心の隙をついてくるのか？　ジャーナリストが解き明かした、知能犯罪「詐欺」の真実。

『白昼の死角　新装版』
高木彬光　光文社文庫／2005年
高木彬光による実在の事件をモデルにした悪党小説の傑作。巧みに法の網の目をくぐり、ありとあらゆる手口で完全犯罪を繰り返す天才知能犯の経済犯罪を描く。巻末には、主人公のモデルとなった人物を語った秘話を収録。

「ご主人が痴漢で逮捕されました。今、示談金を払えばなんとかなります。今から使いの者がそっちに行くので100万円用意してください」「母さん、おれ、おれなんだけど、今交通事故を起こしちゃった。このままじゃ警察沙汰になる。これから言う口座に80万円振り込んでくれないか」という〝振り込め詐欺〟や〝オレオレ詐欺〟について、読者も何度か話を聞いたことがあると思う。

詐欺について、以下の2冊を手がかりに改めて考えてみたい。

①取違孝昭『詐欺の心理学』（講談社ブルーバックス、1996年）

②高木彬光『白昼の死角　新装版』（光文社文庫、2005年）

人間には欲求がある。この欲求につけ込むところから詐欺が生まれる。米国の心理学者アブラハム・マズローは人間の欲求を次の5つの段階に分ける。

〈欲求の第一段階は、食欲や性欲、睡眠欲などの「生理的欲求」。第二段階は雨風から身を守りたい、保護されたいという「安全の欲求」。第三段階は集団に身を置きたい、愛や友情を分かち合いたいという「所属と愛の欲求」。第四段階は人から尊敬されたい、自尊心を持ちたいという「承認の欲求」。そして、それらの欲求が適度に満たされると、自分の可能性を実現したい、使命を達成したいという第五段階の「自己実現の

欲求」に至るのだという〉（①36頁）

確かにそれぞれの段階に応じた詐欺がある。無銭飲食は、食欲があるがカネがないという「生理的欲求」から生じる。冒頭で挙げた振り込め詐欺は、近親が危険な状態に陥ることを避けるという観点からすれば「安全の欲求」、家族の絆につけ込むという観点からみれば「所属と愛の欲求」に基づく詐欺だ。偽の学位を得るためにカネを騙し取られるのは「承認の欲求」に基づいている。

ただし、最も重大な詐欺は、人間の「自己実現の欲求」につけ込んで行なわれるものだろう。

〈考えてみれば、自己実現の欲求というのはきわめて人間的な欲求である。いまの自分をより高い次元に導こうというもので、ある意味では人にのみ存在する欲求といってよい。

人は自分の夢の実現に邁進する。ところが、その自己実現という最も人間らしい欲求が落とし穴となって、だましのメカニズムに巻き込まれてしまうことがある〉（①36頁）

このような「自己実現の欲求」につけ込む詐欺師を描いたのが②だ。鶴岡七郎という稀代の詐欺師を主人公とするピカレスク（悪党）小説だ。腐敗外交官を抱き込んでの、外交特権（治外法権）を用いた詐欺や、印鑑の完全複写による偽造文書作成などの完全犯罪が面白く描かれている。主人公の特徴について、作中でこう記されている。

〈鶴岡七郎が悪の天才と称される一つの理由は、その着眼の鋭さと、応用の独創性にあったことは間違いない。

たとえば、ニュートンは、リンゴが木からおちるのを見て、万有引力の法則を発見し、ワットは鉄瓶の湯がたぎり、蒸気が重い蓋をおしあげるのを見て、蒸気機関の法則を発見したといわれている。

むかしから、こういう現象を目撃した人間は、それこそ何千万人、何億人あったかしれない。しかし、そのほとんどすべての人間は、その現象を深くみきわめて、その中に黄金の法則を見いだすことができなかった。ただ百年に一人の天才だけが、こういう飛躍的な着想に思いあたったのであった〉（②598頁）

詐欺師は、他の人が気づかないことに気づき、それを悪用するのである。

かつて外務省では、中堅幹部による10億円を超えるとされる報償費（機密費）

の詐欺事件が起きた。この犯人は、内閣総理大臣官邸の機密費という、内閣官房長官が管理するカネに目をつけた。確かにこれは領収書を必要としないカネだ。ただし、国家権力の中枢にあるカネなので、誰もそれを騙し取ることができるなどとは考えもしなかった。

〈人は誰でもだまされると言った。では、それから逃れる道はほんとうにないのだろうか。

詐欺師たちがワザを仕掛けるとき、必ずなんらかのテクニックを用いる。お世辞であったり、何かのプレゼントであったり、あるいは、何気ない頼み事であったりする。私たちがつい陥る心理の盲点を突いてくる。そのとき、注意深くその意図や意味を問い直すことである。難しいことだが、だまそうとする人から逃れる方法はそれしかない〉（①238頁）

外務省の中堅幹部も滅私奉公（めっしほうこう）型の人間で、誰もこの人間が大胆な悪事を行なうとは思いもしなかった。その心理の盲点を突いたわけだ。

組織には必ず〝死角〟がある。この中堅幹部にはほかのエリート外交官には見えない日本政府の死角が見えたのだ。

8 数学で人生が変わる

――数学を魔術のように巧みに用いる詐欺師に騙されないために

『例題と演習で学ぶ――文系のための数学入門』

藤本佳久　学術図書出版社／２００９年

文系の人間が「経済学」や「経営学」など、日常生活で知っておくと役に立つ事柄を理解するための数学入門書。関数、微分、数列、グラフの変化など、一見難解そうなテーマを例題つきでわかりやすく解説している。

『不完全性定理』

ゲーデル／著　林晋、八杉満利子／訳・解説　岩波文庫／２００６年

数学者、論理学者であるゲーデルが１９３１年に発表した数学基礎論における定理。数学だけでなく、哲学、心理学、現代思想、情報科学などの研究者にも影響を与えた。不完全性定理論文の歴史的経緯を説明した解説つき。

数学と聞くだけで頭が痛くなってくる人も多いと思う。私は中学時代、数学が得意科目だったが、高校に入ってから苦手になってしまった。そして、「僕は文系人間だから」と言って数学から逃げ回っていた。しかし、それは大きな間違いだった。数学をきちんと勉強しておくことで人生がだいぶ変わる。

以下の2冊を手がかりに数学の重要性について考えてみたい。

①藤本佳久『例題と演習で学ぶ——文系のための数学入門』(学術図書出版社、2009年)

②ゲーデル／著　林晋、八杉満利子／訳・解説『不完全性定理』(岩波文庫、2006年)

①は、高校1年生修了程度の数学の知識があれば理解できる親切な記述になっている。高校に入ってから数学がちんぷんかんぷんになってしまった人でも、高校生用の参考書で三角関数部分を補強しておけば十分に理解できる記述になっている。本文中に「穴埋め」の箇所があり、読者の理解をチェックしながら先に進む構成になっている。数学に苦手意識を持つ人でもそれほど苦労しないで読み進めていくことができる。

本書を読むと、数学が現実の世界でどのように役に立つかがわかる。

〈オペレーションズ・リサーチ（ORと略記）は、第2次世界大戦の中、イギリスで兵士や武器の効率的な運送、配備など軍事上の研究から始まった。戦後、特に、企業活動の戦略を解析する手段として、様々な数学的な手法や技法が研究され、新たに発展してきている。その中でも、線形計画法は、応用も広く代表的で重要な方法になっている。企業等での利益を最大にする生産計画、効率的な輸送計画など多方面に応用されている。

ある制約条件の下に、目的関数と呼ばれる1次関数の値の最大化、あるいは最小化を求めることが線形計画法の問題である〉（①240頁）

線形計画法というとひどく難しいような印象を受けるが、利益を上げるための計画を立てるのに数学的思考が重要であることがわかる。

数学というと無味乾燥で答えがひとつしかないという印象が強い。数学的発想では複雑な人間社会を理解することができないというと、ほとんどの人が「そうだ」とうなずくであろう。

しかし、そのような数学観自体が実際の数学からかけ離れているのだ。数学とはどういう学問であるかを研究する数学基礎論という分野がある。ここで必ず学ぶゲーデルの「不完全性定理」が重要だ。その要点は、ゲーデル自身の言葉を引用すれば次のとおりである。

〈有限的な数論をある分量だけ含むような任意の無矛盾な形式系において、決定不能な算術の命題が存在し、さらに、そのようなシステムの無矛盾性は、そのシステム内では証明できない、という事実を、厳密に証明できるのである〉（②62頁）

林晋、八杉満利子の両氏は、極めて難解とされているゲーデルの不完全性定理についてこう説明する。

〈まず、この二つの定理を、厳密さを損なわずにしかし平易に述べてみると、次のようになる。

1．数学の形式系、つまり、形式系と呼ばれる論理学の人工言語で記述された「数学」は、その表現力が十分豊かならば、完全かつ無矛盾であることはない。（第1不完全性定理）

2．数学の形式系の表現力が十分豊かならば、その形式系が無矛盾であるという事実は、（その事実が本当である限り）その形式系自身の中では証明できない。（第2不完全性定理）

次に、これら二つの不完全性定理のもつ意味を解釈してみると、上記の1と2はそれぞれ次のようになる。

1'. 数学は矛盾しているか不完全であるか、どちらかである。

2'. 数学の正しさを「確実な方法」で保証することは不可能であり、それが正しいと信じるしかない。

数学は絶対的に確かな知識のように思える。しかし、2'は、そう保証する術はないというのである。また、学校教育での経験からか、数学の問題には必ず解答があると思い込んでいる人も多い。しかし、1'の主張していることは、数学が内部矛盾していないならば、数学には解答のない問題がある、ということである〉(②76〜77頁)

数学が、絶対的に確かな知識でないならば、複雑な高等数学を用いた金融工学も絶対的に確かなものとは言えない。

統計、金融工学など数字が出てくると、その内容を理解できなくとも信用してしまう。だが、数学には解答のない問題もあるのだ。

数学を魔術のように巧みに用いる詐欺師に騙されないようにするためにも、数学について知っておくことが重要だ。

9 蕎麦から学ぶ仕事術
――職人芸の基本は、「これはすごい」と思う先輩の技法を盗むこと

『江戸蕎麦通への道』

藤村和夫　NHK出版／2009年

のどごしがよく、歯切れのよい「江戸蕎麦」。老舗が守り続ける、江戸蕎麦の真髄とは何なのか。有名蕎麦店である「有楽町・更科」の4代目店主が教える、歴史やしきたりなど、蕎麦通ならぜひ知っておきたいあれこれ。

『もっとソバ屋で憩う――きっと満足123店』

杉浦日向子とソ連／編著　新潮文庫／2002年

江戸の老舗からうどんの聖地・讃岐の名店まで、生粋の蕎麦好きたちが巡った全国123店。酒を片手に、宴会、立ち食いなど、全方位で蕎麦の楽しみ方を提唱。

ソ連時代のモスクワに一軒だけ和食レストランがあった。「ホテル・メジュドゥナロードナヤ（国際）」の1階にあったレストラン「サクラ」だ。インテリアも日本風で、東京から食材をアエロフロート（ソ連航空）機で運ぶ本格的和食レストランだった。

ただし、値段がべらぼうに高かった。いちばん安いメニューが「天ざるソバ」だったが、確か1987年時点で27外貨ルーブル（約6000円）もした。外務省の職員食堂では300円くらいの内容だ。それでも日本の生活が恋しくなって、私も同世代の日本大使館員たちと「サクラ」で天ざるソバをつまみに日本酒を飲んだことがある。

ロシア人もソバを食べる。ただし、麺にはせずにソバの実をゆでて肉料理のつけあわせにする。これがなかなかおいしい。それだからロシア人にはソバに対する抵抗感がない。

以下の2冊を手がかりにソバについて考えてみたい。

①藤村和夫『江戸蕎麦通への道』（NHK出版、2009年）
②杉浦日向子（ひなこ）とソ連／編著『もっとソバ屋で憩う——きっと満足123店』（新潮文

庫、2002年〉

ソバは歴史的に関東地方、特に東京と深く結びついているようだ。有楽町・更科の4代目、藤村和夫氏は、〈江戸では、昔から人口五十万人足らずの町に、四千軒近い蕎麦屋と九百軒ほどの「夜蕎麦売り」（夜鷹蕎麦）が毎日営業していました。全人口割りにしても、江戸庶民は毎年、赤ん坊までふくめて「百五十食〜二百食」は食べていた〉（①29頁）と述べる。

江戸の人々は、現代の東京人よりもずっと多くのソバを日常的に食べていたことになる。もっとも、ソバ好きの文化は現代にも継承されている。残念ながら2005年に他界されたが、杉浦日向子さんは江戸文化ブームの火つけ役だった。江戸文化の特徴をソバなどの食文化を通じても示している。ここでいうソ連は、私が勤務したソビエト連邦ではなく「ソバ好き連」の略称だ。

私が現役外交官時代、ロシア人を連れていって、いちばん喜ばれたソバ屋は赤坂・砂場だ。この店について、ソ連の田村氏はこう記す。

〈ざるそばと、もりそばはソバの色が違う。ソバの実の芯（しん）に近いのを用いたのが白っぽいざるそばだ。芯以外のも混ぜたのが黒っぽいもりそばだ。両方食べることを勧める。ややもりの方が量が多いのが嬉しい。

何組かのお客が帰っていくが、一様に、何人かが、「ご馳走(ちそう)になります」と言って出ていく。そうかソバ屋も接待のできる店なのか〉（②111頁）

私もロシア人を何度か赤坂・砂場に連れていった。大柄のロシア人男性なら、ひとり当たり、天せいろ10枚、焼き鳥、かまぼこ、卵焼きに、日本酒5合くらいを飲み食いするので、かなり散財した。

そこで、中堅官僚や学者のロシア人には「外国人はあまり行かないところに案内しよう」と言って、駅の立ち食いソバ屋に連れていったことがある。これもなかなか好評だった。駅ソバについて、杉浦さんはこう記す。

〈駅ソバのダシというのは、なぜあんなにも強烈に香り立つのだろう。ふつうの町ソバとは異なる、ソバ「のようなもの」独特の、幻惑の匂(にお)い。問答無用にそそられる〉（②233頁）

確かにそのとおりだ。駅ソバは確かに魔性の味がするが、老舗ソバ屋が出すソバとはまったく別の食べ物と考えたほうがよいのであろう。

前出の藤村氏の記述で、ソバ職人は汁の作り方を習わないということを知って、驚いた。

〈蕎麦屋の職人に「汁取り」はありません。なぜなら、これは蕎麦屋の主人の大事な仕事だからです。老舗では、代々、倅（せがれ）にも教えず、やらせず、旦那が死ぬまでこしらえていたのです。

それでは、技術が伝わらないのではないかと思われるかもしれませんが、じつは大丈夫なのです。蕎麦屋の倅は、生まれたときから教えられているからです。どういうことかというと、物を食べはじめてから、父親が死ぬまでその汁でお蕎麦を食べているのですから、舌が完全にその味を覚えてしまっているのです〉（①100頁）

さらに毎日、父親が入れる鰹節（かつおぶし）や砂糖の量を見ているし、釜の火加減の番をしているうちに、自然と汁取りの技能を身につけるのである。

ここに職人芸の基本がある。外交官の仕事でも、通訳のやり方、人脈の作り方、機微に触れる情報の取り方について、誰も教えてくれない。「これはすごい」と思う先輩の技法を盗むのだ。ソバの世界について学ぶと、サラリーパーソンが自らの能力を向上させるヒントをつかむことができると思う。

10　ビールから民族を見る

——日本のビールは、世界に誇れる文化の粋だ

『ビールの教科書』
青井博幸　講談社選書メチエ／2003年

古代人が飲んだビールの製法は？　ベルギービールのあの芳醇(ほうじゅん)さの秘密は？　ビールとエールの違いは？　一番「うまい」ビールとは？　ビールにまつわる疑問を問題を解きながら紹介。おいしく飲める地ビールの一覧つき。

『ビールと古本のプラハ』
千野栄一　白水Uブックス／1997年

多くの作家、詩人、音楽家を輩出した芸術の都プラハは、一方でビアホール、カフェ、古本屋の文化が花開いた。この町に暮らしたチェコ語学者・文学者である著者による、プラハの知られざる魅力が詰まったエッセイ。

夏はビールがいちだんとうまい。以下の2冊を手がかりにビールについて考えてみたい。

①青井博幸『ビールの教科書』（講談社選書メチエ、2003年）

②千野栄一『ビールと古本のプラハ』（白水Uブックス、1997年）

そもそもビール瓶はどうしてどれも茶色いのだろうか？　これには科学的な理由がある。

〈光には様々な波長があるが、光酸化を起こしやすい波長というのもある。そして、この波長をもっともカットするのが茶色のびんなのである。黒いびんよりも茶びんのほうが、この波長をカットする。これが、スタンダードなビールびんが茶色である所以なのだ〉（①79頁）

光酸化で、ちょっと焦げたような臭い、業界用語でいう「日光臭」とか「キツネ臭」という変な臭いが出ないようにするために茶色い瓶に入れているのだ。もちろん、光酸化が起きて臭いが出ても、人体に害を与えることはない。しかし、どうせならば極力おいしいビールを消費者に提供したいので、ビール会社は茶色い瓶に固執しているのであろう。

私は、同志社大学神学部と大学院でチェコ神学を研究した。外交官になった後も、この研究を続けていた関係でチェコを何度も訪れた。私の認識では、チェコ人は世界でもっともビールにこだわる民族だ。

チェコに、こんなアネクドート（小話）がある。

「ソ連の国営ビール会社が、チェコのカルロビバリのビール研究所に『うちのビールを鑑定してほしい』と依頼した。そして、研究所からきた回答が『貴国の馬は健康である』というものだった」

要するに、ロシアのビールは「馬の小便」みたいなものだということだ。ちなみに、ロシア人の前でこのアネクドートを披露してはいけない。ロシア人が本気で怒り出す可能性があるからだ。

チェコ人のビールに対するこだわりについて、東京外国語大学でチェコ語を教えた故千野栄一氏が次のようなエピソードを紹介している。羽田空港で飛行機の出発を待っている時のことだ。

〈そのチェコ人は後ろにいたもう一人の仲間に合図をした。

すると目の前に大きいビール用の紙コップと、ピルゼンのプラズドロイの小瓶が出てきたのである。しかも、よく冷えた温度で。なんとこのチェコ人は遠い日本や台湾に行くのに自分の好きな銘柄を持ち歩いているのである〉（②22頁）

私の親しくしていたチェコの神学者もモスクワに出張する時にチェコビールを持参していた。モスクワでもワインやシャンペンを注文し、ソ連製ビールには手をつけようとしなかった。

ソ連時代の生ビールは、発泡剤（洗剤のようなもの）を入れて泡を立てたり、瓶がよく洗浄されていないので、底にネズミの糞が沈澱しているなど、それこそ「馬の小便」のような代物だった。しかし、今は違う。サンクトペテルブルクの「バルチカ」ビールは実にうまい。日本人の口に合うラガービールが主体だ。

日本のビールはどれもおいしいと私は思う。もっとも、日本のビールには個性がないという声もよく聞く。例えば、青井博幸氏はこう述べる。

〈日本では長年、味としての中身より、どのように商品のイメージをポジショニングして、それを消費者に訴えるか、ということが、ビール業界の売れ筋を決めてきたの

である。その結果、ブラインド・テストでは味の差別化が困難であるような商品に、様々な名前や特徴というものが考案されて、一見色々な商品群があるように見えるようになった。商品の中身ではなく、周辺的な要素を競うという成熟産業の典型である〉（①192頁）

私の意見は少し違う。キリン、サッポロ、アサヒ、サントリーのビール会社が出しているそれぞれの商品には、どれも微妙な味の差がある。これだけ繊細な差異は、日本人の舌の敏感さを反映したものだと思う。それから、各社の熾烈（しれつ）な競争の結果、生ビールのつぎ方などのソフト面においても、日本のビール文化の水準はとても高い。ロシア、イスラエル、スウェーデンの高級レストランには日本製の瓶ビールが常備され現地の人々に愛飲されている。特にすし、刺身、天ぷらなどの日本食は日本製ビールとよく合う。

モスクワ、テルアビブ、ストックホルムに出張するたびに、「日本のビールは世界に誇ることのできる日本文化の粋（すい）だ」と私は思った。日本のビールに対する国際的な評価の高さをもっと正当に受け止めるべきだと思う。

11 愛に触れる言葉とは

——人の魂を揺さぶるのが、優れた作家である

『おいしいコーヒーのいれ方Ⅰ　キスまでの距離』

村山由佳　集英社文庫／1999年

直木賞作家による人気恋愛小説シリーズ。突然始まった、高校3年生の勝利（かつとし）と、いとこのかれん、その弟の丈（じょう）との同居生活。やがて勝利はかれんに密（ひそ）かな恋心を抱くようになる。純粋なふたりの恋を繊細なタッチで描く。

『新共同訳　新約聖書』

日本聖書協会／1987年

イエス・キリストを通して与えられる神と人間との出会いと、各人にとっての意義を物語る書。福音書、使徒言行録、手紙、ヨハネの黙示録から成る。「ヨハネの手紙一」では、キリスト教の本質である愛について語られる。

そろそろクリスマスが近づいてくる。友達以上、恋人未満の関係から、一歩進むためには「殺し文句」が必要になる。人の魂を揺さぶる言葉をきちんと見出すことができるのが、優れた作家の資質だ。特に、それは音になった時にはっきりする。

2002年5月から2003年10月まで、私は「小菅ヒルズ」（東京拘置所）の独房で生活した。テレビやビデオを見ることはできない。また、外部から情報が入ると、いろいろ悪知恵を働かせて罪証湮滅をする恐れがあるということで、私は新聞購読を禁止されていた。そこで、外界の情報は、拘置所で毎日数時間かかるラジオから得ていた。そのうち、NHK-FMで放送されていた『青春アドベンチャー』というラジオドラマ番組がとても楽しかった。

2003年の9月に、**①村山由佳『おいしいコーヒーのいれ方I　キスまでの距離』（集英社文庫、1999年）**をもとにした放送劇を聴いて、魂を揺さぶられた。

和泉勝利は、高校3年生になる春、父親が転勤する関係で、いとこの花村かれん・丈の姉弟と同居することになる。かれんは美大出身で、**〈二十二にもなってろくに化粧もせず、たいていは自分ちの庭で一人、葉っぱを煮ては布を染めたり、泥を**

採ってきては茶わんを焼いたりしているのだそうだ。まるでばばあだ。子供のころからどこかボーッとしたところのあるやつだったが、どうやらあのまま育ち上がってしまったとみえる〉（①11頁）と、勝利は思っていた。

しかし、数年ぶりに会ったかれんはとても美人になっていた。その後、かれんは美術の教師となり、勝利の高校で勤務しはじめる。かれんは勝利のことを「ショーリ」と呼び、家事が苦手なかれんのために勝利は食事を作る。勝利はある日、かれんが悩みを抱えているのを知る。ストーカーのようにかれんを追跡し、房総半島の鴨川にやってくる。そこで、かれんが花村家の養女で、勝利とは血縁関係にないことを知る。

〈「お願い。一人きりで泣くのは、もう……もういやなの」

語尾はすでに涙声になっていた。

僕は、手をのばしてかれんの肩を抱きかかえた。たしかな重みが腕にかかってくる。そっと抱き寄せるのと同時に、彼女はその言葉どおり、「思いっきり」泣き始めた。よくまあこれだけ泣けると思うくらい、わんわん声をあげて、かれんは泣いた。その泣きかたは、恋に破れた女のそれというよりは、まるで母親に置き去りにされた

幼い子供のようで、聞いている僕のほうが胸が痛くなる〉（①99頁）

かれんと勝利の愛は、ほんものだ。かれんの殺し文句は、〈「一人きりで泣くのは、もう……もういやなの」〉であるが、これは計算して出てきた言葉ではない。ほんとうに自分のそばに勝利が一緒にいてほしいという思いが正直に出たものだ。ここには打算も嫉妬もない。

実は、このような人間のほんとうの愛に触れる言葉が満載されているのが、②『新共同訳 新約聖書』（日本聖書協会、1987年）だ。

「ヨハネの手紙 一」に愛の特徴が書いてある。

〈愛には恐れがない。完全な愛は恐れを締め出します。なぜなら、恐れは罰を伴い、恐れる者には愛が全うされていないからです。わたしたちが愛するのは、神がまずわたしたちを愛してくださったからです。「神を愛している」と言いながら兄弟を憎む者がいれば、それは偽り者です。目に見える兄弟を愛さない者は、目に見えない神を愛することができません。神を愛する人は、兄弟をも愛すべきです。これが、神から受けた掟です〉（②446頁）

村山由佳さんの「おいしいコーヒーのいれ方」シリーズに出てくる人々は、国会議員、高級官僚、大企業の代表取締役といったエリートではない。ごく普通の人々だが、友人が困難な状況に陥ると、誰もがリスクを負って助けようとする。そして見返りを求めない。

かれんと勝利はセックスに対しては異常なほどに奥手だが、それはお互いの気持ちをたいせつにするからだ。

〈「もっと強引になってよ」

「かれん……」

「私からなんて、言えないわよ。年上のくせして……」

「もういいよ、かれん」たまらなくなってさえぎろうとしたとき、彼女が言った。

「大好きだなんて」

一瞬、風の音がやんだ〉(①177頁)

愛を告白する殺し文句にマニュアルはない。ほんとうにいつも一緒にいたい、相手のためにすべてを投げ出したいと思うと、それに相応(ふさわ)しい言葉が出てくることをこの小説は物語っている。

12 草食系男子への教え
——女のコとのコミュニケーションがうまくいく瞳読みの技法

『草食系男子の恋愛学』
森岡正博　メディアファクトリー／2008年

生命倫理、現代思想、文明論まで幅広い分野で研究する著者による「まじめで誠実だけど、いまひとつ異性関係に積極的になれない男性＝草食系男子」への恋愛指南書。会話やコミュニケーション、正しいセックスの知識など。

『ソロモンの指環——動物行動学入門』
コンラート・ローレンツ／著　日高敏隆／訳　ハヤカワ文庫／1998年

「刷り込み」理論を提唱し、動物行動学を打ちたてた功績でノーベル賞を受賞した著者による、動物行動学入門書。「刷り込み」理論のきっかけとなったハイイロガンのヒナのエピソードなどがユーモアたっぷりに描かれる。

男を獲得するのに積極的な肉食系女子と、女に対して、特にセックスについて奥手な草食系男子が増えているという。人間は肉も野菜も食べる雑食系なので、この二分法はどうかと思うが、読み物として、①森岡正博『草食系男子の恋愛学』（メディアファクトリー、2008年）は抜群に面白い。お勧めの一冊だ。

ただし、自分を草食系男子だと思いながら「本気で彼女が欲しい」、もっとぶっちゃけて言うと「女のコとセックスをしたい」と考えている読者には、②コンラート・ローレンツ／著　日高敏隆／訳『ソロモンの指環——動物行動学入門』（ハヤカワ文庫、1998年）をあわせて読むことを勧める。

念願が叶(かな)い、女のコを部屋（あるいはホテル）に誘い込むことに成功した。しかし、相手はセックスに対する抵抗感がある。こういう時はどうしたらよいのだろうか。

〈暗い部屋で、身体に指を触れられると、どうしてもこわばってしまって、恐怖感のようなものが湧いてくるのである。／このような状況になったときは、セックスを強要してはいけない。／愛撫(あいぶ)は受け容れるが、挿入は拒むという場合には、ベッドで抱き合って、ずっと愛撫しているだけでよい。ときどき話をしながら、肌を合わせているだけで、女性は気持ちよさを感じることができるからだ。／もし、女性が、肌に触れられることすら拒むとしたら、そのときは、つらいかもしれないが、男はセックスするのをあきらめて、部屋の明かりをつけ、女性を安心させなくてはならない。お茶を入れたり、お菓子を食べたりして気分を変えるか、あるいはどこかへ一緒に出かけるのがよいかもしれない〉（①112頁）

基本的にこの助言は正しい。男女に関係なく、嫌がることを強要する人は好かれないからだ。ただし、人間も動物である。男のキンタマからは性欲が湧き出してくる。これをいつも理性で抑えようとしていると、思わぬ時に大爆発を起こす危険がある。

特に、ふだんおとなしい草食系男子が大爆発を起こすと、恐ろしい結果をもたらすことになる。エソロジー（動物行動学）に関する知識を持っていると、この大爆発の危険をきちんと理解することができる。動物行動学の草分けで、ノーベル生理学・医学賞を受けたコンラート・ローレンツは、タカやカラスのような肉食系よりもハトのような草食系のほうが残虐になると述べている。

〈（引用者注・カラスは同族の目玉を鋭いくちばしで攻撃することのない抑制機能をもってい

ることについて説明した後）この動物（引用者注・ジュズカケバト）は相手を傷つける力がごく弱く、おまけに逃げだす能力がじつによく発達しているからである。したがって、ハトのようにくちばしが弱く、つつかれても羽毛が二、三本ぬける程度の武器しかもたぬ鳥同士なら、そのような抑制なしでも十分やってゆけるわけだ。負けたと感じたほうのハトは、相手から第二の攻撃が加えられる前に、さっさと逃げてしまう。けれど、せまい檻（おり）のように不自然な条件のもとでは、負けたハトはすばやく逃れる可能性を封じられてしまう。そこでいよいよ、このハトには仲間を傷つけ苛（さいな）むことを妨げる抑制が欠けていることが、完全に露呈されてしまうのだ。きわめて多くの「平和的な」草食動物は、やはりこのような抑制をもっていない〉（②239頁）

職場でも草食系と思われていた人が管理職になると極端に高圧的になったり、部下をねちねちいじめたりすることがあるが、それは、他者攻撃に際しての抑制機能を欠いているからだ。

草食系男子も、人間関係における「抑制の文法」をきちんと覚えておかないと、女性との関係でたいへんなトラブルを抱えることになる。

そもそも、相手が自分を愛しているかどうかという心理をどうやって見分けるのか。女のコが「イヤ」と言った時、どう判断すればいいのか。森岡氏は、**〈結論から言えば、女性が「イヤ」と言ったときに、それがほんとうの「イヤ」なのか、それとも「イヤ」と言ってみただけなのかを確実に知る方法は、ほとんどないのである〉**（①123頁）と言う。他方、ローレンツによれば相手の気持ちを確実に知る方法がある。**〈「瞳（ひとみ）が語る」のだ〉**（②90頁）

草食系男子諸君！　女のコだけでなく、男友達、両親、あるいはペットの犬や猫などとコミュニケーションする時に、相手の行動や感情と瞳の関係をよく観察するのだ。そうすれば、ほんとうに「イヤ」な時と、相手が儀式として「イヤ」と言っている時の区別がつくようになる。この〝瞳読み〟の技法を身につけ、観察は慎重に、いけると思ったら大胆に、そしてヤバイと思ったら逃げ、うまく彼女をゲットしてほしい。

13 「婚活」を考える

――新自由主義が若者を食い物にしている

『「婚活」時代』

山田昌弘、白河桃子　ディスカヴァー・トゥエンティワン／2008年

「パラサイト・シングル」「格差社会」で知られる家族社会学者山田昌弘教授と、恋愛・結婚・少子化をテーマに活動をするジャーナリストの白河桃子が、現代社会の「恋愛と結婚」の実態を分析。ブームを巻き起こした一冊。

『結婚、結婚、結婚!』

チェーホフ／著　牧原純、福田善之／訳　群像社／2006年

19世紀ロシアで活躍した作家チェーホフ。40歳すぎまで結婚しなかった彼が、20代の終わりに書いた、結婚をめぐる戯曲集。強烈な方言訳に仕上げた『結婚申込』を含む、チェーホフの面白さが倍増された新訳3編。

結婚と就職が人生の大問題であることは昔から変わらない。以前から就活（就職活動）は行なわれていた。これに対して、結婚は恋愛であってもお見合いであっても、なんとかなると思われていた。しかし、最近は若者の4人にひとりは結婚できない時代になっているという。そうなると誰もが焦り、婚活（結婚活動）を行なうようになる。

婚活については多くの本が出ているが、①山田昌弘、白河桃子『「婚活」時代』（ディスカヴァー・トゥエンティワン、2008年）が面白く、かつ役に立つ。

規制緩和によって経済格差が広がったため、経済的余裕のない人々の結婚が難しくなったという考察は事柄の本質を衝いている。もっとも、実際に結婚を真剣に望んでいる人々が社会構造をいくら論じても、パートナーが見つかるわけではない。そこで山田氏は男子諸君に対してシビアな現状分析を述べる。

〈まず、男性の魅力は、経済力とコミュニケーション能力です。

男性の魅力として経済力が重視されるのは、今でも、結婚したら収入の大部分は男性に頼ろうという従来型の意識をもつ女性がメジャーだということでしょう。男性自身にもその意識は高く、男女とも約七割がそう考えています。当然だと思うかもしれ

ませんが、欧米では一、二割にすぎませんから、日本特有な状況だといえるかもしれません〉（①104頁）

結婚後、家計は男の収入で賄うことを前提にすると、派遣労働の比率が高まり、正社員でも年功序列型賃金体系が崩れつつある現状で、経済力に限界のある男は結婚できないということになる。

では、男のもうひとつの魅力であるコミュニケーション能力について山田氏の見解を見てみよう。

〈次に、コミュニケーション能力の問題ですが、先ほどお話ししたように、これについては、恋愛経験の多い男性と少ない男性の間の格差が広がっています。というのも、今もまだ、昔と同様、声をかけてリードするのは男性から、というのが根強く残っているからです。となると、声のかけ方、誘い方、外見の気にし方などが重要で、これらはいずれも経験値がものを言う。手慣れた人ほどもてるわけです。で、経験のない人は、経験がないことで、ますますもてなくなるのです〉（①105頁）

要は、デート代を持っている金持ちならば、女性を誘う機会が多いのでコミュニケーション能力もおのずから身についてくるということだ。確かに新自由主義的な競争原理を前提とするとそうかもしれない。しかし、それではあまりに淋しいではないか。

理想の結婚などという発想が幻想であるとユーモアたっぷりに指摘したのが19世紀ロシアの文豪チェーホフだ。

戯曲の『結婚申込』（②チェーホフ／著　牧原純、福田善之／訳『結婚、結婚、結婚！』所収、群像社、2006年）で主人公のローモフがこうつぶやく。

〈あれこれ時間ばかけて思案投げ首、一人問答して、御託ば並べたり、理想の女性の、真実の恋だのと――そげなこつばしちょったらいつまででん結婚なんか出来るもんか……ブルル！……寒か！　ナターリヤさんなら所帯のきりもりは得意だし、器量でん悪うはなか、教育もある……それ以外になんの注文のある？〉（②59頁）

結婚と経済を切り離して考えることだ。ローモフが言うように「所帯のきりもりが得意で、器量も悪くなく、教育もそこそこある」程度で、あとは出会いのご縁と、出会った後の相性を重視すべきだ。

外国には日本の婚活にあたる現象がない。なぜだろうか。白河氏の国際結婚に関する記述に解答が隠れている。

〈たとえば、お金は自分で稼いでねという個人主義的な意識が強いこと、給料全部を奥さんが管理するなどありえません。お小遣い制は日本のダンナさんだけ。いくら年収何千万円の人と結婚したからといって、その財布をもたせてもらえるわけではありません。海外に住んでも、自分の収入の道を確保したほうがよいのです〉(①153頁)

カネの力でパートナーを見つけるという大前提の下(もと)、それが欠ける部分を婚活で補うという発想がそもそも間違いだと思う。新自由主義が就活、婚活というビジネスを生みだして、若者を食い物にしているのだ。こういうビジネスから距離を置くことが重要だ。自分の身の丈に合った相性のいい人と結婚すればよい。焦らなくてもよい縁に人間は必ず巡り合うと信じていればよい。信じる者を神様も仏様も決して見捨てることはない。婚活の技法よりも、他人を思いやる心を養うことのほうがずっとパートナーを見つけるのに役に立つと思う。

14 不倫は病ではない
――愛とは相手に、欠けているものを求め合うこと

『かわいい女・犬を連れた奥さん』

チェーホフ／著　小笠原豊樹／訳　新潮文庫／2005年

チェーホフが、作家として最も円熟した晩年の中・短編集。避暑地ヤルタを舞台に、妻子持ちの男が犬を連れた人妻と出会い不倫の関係になるまでと、その後のドタバタを描いた『犬を連れた奥さん』を含む7編を収録。

『無印不倫物語』

群ようこ　角川文庫／1995年

「不倫」をテーマにした12の物語からなる短編集。軽妙な語り口で重たいテーマをユーモアたっぷりに描く。「人生いろいろ」「愛の水中花」「浪花節（なにわぶし）だよ人生は」など、各物語のタイトルは往年の歌謡曲からとっている。

人間は基本的にセックスが好きな動物なので（しかも犬や猫と異なり、1年中、発情している）、結婚している男女でも不倫をしようとする性向がある。しかし、不倫はだいたいお互いを不幸にして終わる。結婚は基本的に先着順なので、それを崩そうとすると膨大なエネルギーがかかるからだ。周囲の例を見ても、「セックスだけ楽しんで家庭は壊さない」という約束で始めても、途中から必ず修羅場（しゅらば）になる。

これは愛情の本質に関係していると思う。ギリシャ語で男女間の愛をエロースというが、それは相手に欠けているものを求め合うということで、1回、相性が合うとあとは離れられなくなるものだ。そこまで至らない不倫は、ネットのエロ画像を見ながらオナニーするのと本質的に変わらないので、満足が得られない。結局、愛にまで発展する不倫は、離婚し再婚するにせよ、不倫関係を解消するにせよ、人生劇場になる。

①チェーホフ／著　小笠原豊樹／訳『犬を連れた奥さん』（『かわいい女・犬を連れた奥さん』所収、新潮文庫、2005年）は不倫小説の古典だ。貴族出身の主人公ドミートリー・グーロフは学生時代に結婚させられた。妻はインテリで、ドミートリ

ーのことをあえてフランス語なまりのロシア語で「ディミトリ」と呼ぶ。妻との性格が合わないのでドミートリーは放蕩（ほうとう）生活をしている。

〈自分のいる席で女の話が出ると、きまってこんなふうにけなすのだった。

「低級な人種さ！」

女たちのことをどう呼ぼうと、自分は苦（にが）い経験をなめたのだから充分にその資格があるとグーロフは思っていたが、その実この「低級な人種」なしでは二日と生きていけないのだった〉（①131頁）

黒海沿岸の避暑地ヤルタ（ウクライナ）で、白いスピッツを連れた若い人妻アンナと不倫を楽しむ。美人ではなくかわいいタイプの女性だ。

ドミートリーは最初、ちょっとしたつまみ食いをしたつもりだったが、モスクワに帰った後も、今までの遊びと異なり、アンナのことを忘れられなくなる。そして、彼女が夫と生活する田舎町にまで出かけていく。ストーカーと化したドミートリーは家の周りをうろつき、結局、劇場でアンナをつかまえる。

その後、アンナは夫に婦人科の診察に行くと偽り、2〜3ヵ月に1回、モスクワを訪れるようになり、ドミートリーと密会を重ねる。

最終的に物語は、〈しかも二人にははっきり分っていたのだが、終りまではまだまだ遠く、最も入り組んだむずかしいところは今ようやく始まったばかりなのだった〉（①161頁）と、ふたりがなかなか幸せになれないことを暗示して結ばれる。

不倫が行き着いた先の修羅場をユーモアたっぷりに描いているのが、②群ようこ『無印不倫物語』（角川文庫、1995年）だ。小説だが、現実にあってもおかしくない場面がいくつも登場する。

社内不倫をしていた女性が、家族旅行で不倫相手の妻子と一緒になり、ブチ切れて不倫相手の妻に電話をする。

〈奥さんには罪はないけれど、どことなくいじめてやりたい雰囲気を持っていた。あまりに何度も電話をかけたものだから、さすがの彼女も感づいたらしい。

「いいかげんにやめてくれよ」

彼は心から迷惑そうにしていた。別に彼と結婚することなんて考えていない。だけど見えない人々だった家族が、はっきり見えてしまった今では、同じように彼女たちには見えなかった私を、見せてやろうと思っただけだ。私の存在を知ったら、あの地味な奥さんはどうするだろう。泣くのだろうか、わめくのだろうか。私はまた彼の家

の電話番号をプッシュし、奥さんに会って話したいことがあると告げた〉（②81〜82頁）

こうなれば、もう最終段階だ。外務省で不倫癖がある幹部を何人か知っているが、お手つきの部下がブチ切れると、家庭を壊されるのではないかとおびえておろおろしていた。

ある上司が悩んでいるので「そんなことならば不倫なんかしなければいいじゃないですか」と言うと、「不倫は病気じゃないんだ。病気ならば治療できるが、癖だから直らないんだ」と返された。そして、「佐藤君、こういうことがあるとチェーホフのあの鱗（うろこ）の場面を思い出すんだよ」と言う。〝あの鱗の場面〟とは、ドミートリーの恋が冷めかけた不倫相手に対する思いが記された**〈下着のレースまでが魚の鱗（うろこ）のように見えてくるのだった〉**（①137〜138頁）という箇所だ。それでも癖だから不倫はやめられないという。

もっとも、本格的に家庭が破滅しそうになるドラマを経験した後、この上司は不倫をやめた。癖を直すことも可能なのだ。

15 フーゾクで失敗しないために

――恋愛を餌にして、たくさんカネを稼ぐのは職業的良心

『フーゾク進化論』

岩永文夫　平凡社新書／２００９年

敗戦直後のＲＡＡから出発した日本の戦後フーゾク。その後赤線からソープ、ピンサロ、ファッションヘルス、出会い系サイトまで。フーゾク産業の進化と発展を、この道30年の風俗評論家が丹念に調査し書き下ろした1冊。

『セックス放浪記』

中村うさぎ　新潮文庫／２０１０年

これまでも買い物中毒や整形手術など、自らについて赤裸々に書いてきた中村うさぎが、今回選んだテーマは「セックス」。新宿二丁目のウリセンバーで若い男を買ったりお姫様Ｍ嬢になったりと、手当たり次第に挑戦をする。

日本のフーゾク産業は、欧米と比較して著しく発達している。フーゾクに何回か遊びに行った経験がある読者も少なくないと思うが、フーゾク産業の実状はわかりにくいし、あまり知られていない。

以下の2冊を手がかりに、フーゾク産業の内面を覗いてみたい。

①岩永文夫『フーゾク進化論』（平凡社新書、2009年）

②中村うさぎ『セックス放浪記』（新潮文庫、2010年）

フーゾクという片仮名言葉はいつ頃、出現したのだろう？

〈もともと風俗という語は、ある時代なりある地域なり一定の社会集団のなかで広く行われている生活上の慣わしを意味していた。そこには、〝飲む、打つ、買う〟という男の三道楽が含まれているのだが、そのなかの〝買う〟の部分が、いつの間にか一人歩きをしていって戦後の風俗の中心に居座ってしまったのである。

それがさらに一九八〇年代ともなると、戦後社会の通奏低音ともいえる軽佻浮薄さの反映によって登場してきて片仮名表記の〝フーゾク〟となった〉（①12頁）

フーゾクとは、1980年代に出現した、比較的新しい言葉なのである。岩永氏は、太平洋戦争後のRAA（特殊慰安施設協会）の設立から赤線、アルサロ

（アルバイトサロン）、ソープランド、オサワリバー、ピンクサロン、オッパブ（オッパイパブ）、ノーパン喫茶、ホテトル、デートクラブ、ファッションヘルス、デリヘル、出会い系サイトなどの系譜を百科事典のように丹念に解き明かす。

そして、**〈取締り法や規正（ママ）法が実施される前後に新しいタイプの風俗商売やフーゾクビジネスが出現する〉**（①256頁）という法則を発見する。

人間は、性欲を持つ。それはどのように規制しようと社会で発散されるものなのだ。そして、資本主義社会において、サービスと貨幣は代替可能である。それだから、当局が「きれいな社会」をつくろうとして、いくら努力しても、資本主義社会である限り、フーゾクは形を変えて生き続けるのだ。

裏返して言うと、フーゾクにおいては、いかに恋愛を装（よそお）っても、そこにはカネの理屈が働いている。

自らデリヘル嬢の経験（ただし、3日間だけ）を持ち、ホストやウリセン（ゲイの男性相手に体を売る男）に入れあげた経験を持つ作家の中村うさぎさんの指摘が鋭い。

〈が、水商売や風俗など「恋愛」や「セックス」を売買している現場では、ともすれば、客の立場のほうが弱くなる、という現象が生じてしまう。私も、ホストにはずいぶんと偉そうな態度を取られたものだ。最初はそんなことなかったんだけど、両者の関係が「客とホスト」から「惚れた女と惚れさせた男」に移った途端、向こうの態度が目に見えて強気になったわ。いわゆる「惚れた弱味」につけ込まれたってヤツよね。

　恋愛市場においては、惚れてしまった側が不利になる。相手の歓心を買おうと下手に出るからだ。が、そこに金が介在した場合は、両者の立場はフィフティフィフティになる（金を受け取った分、惚れられた側にも弱味が生じるからね）理屈ではないか。なのに、現実には、恋愛市場の原理が商売の原理を押し退けて優先される〉（②36頁）

　ここでいう男と女を入れ替えても同じだ。業界用語で「ピンボケ」といって、フィリピンパブに入れあげて、数百万円の借金をつくるサラリーパーソンがときどきいる。ロシアンパブで、金髪娘に入れあげると1000万円以上に借金が膨らむことも珍しくない。彼女らは、本国の親戚に送金しなくてはならないので必死なのだ。恋愛を餌にして、とれるところから、できるだけ早く、できるだけたくさんカネを稼ぐというのが彼女たちの職業的良心なのである。

フーゾクで遊ぶ場合、遊びと恋愛をきちんと区別することが重要だ。さもないと人生を台無しにしてしまう。

悪いシナリオを避けるためには、①を熟読して、フーゾク産業の内在的論理をよく押さえておくことだ。そのポイントは、岩永氏の次の指摘だ。

〈もちろん、その昔、多くの女性が貧困のために身を売られたり身を沈められたりした苦界(くがい)のなかでの売春と、それはなんら異なるものではない。ただ、今のような軽～い時代では、こともなげにフーゾクしちゃうという表現で片づけられちゃうだけのこと〉(①12～13頁)

人間は性欲を含む欲望を持った動物だ。そのことを頭から否定するのはよくない。しかし、フーゾクはカネを対価として欲望を一時的に満足させることにすぎないのだという冷めた目を持っておかないと罠(わな)に落ちる。

16 ひとつの映画を二度楽しむ
――元になった本や原作を読むと、感動の質が変わってくる

『納棺夫日記　増補改訂版』

青木新門　文春文庫／1996年

ながらく葬儀会社で死者を棺に納める仕事をしてきた著者が、日々の仕事の記録を通して、生と死について語る。俳優本木雅弘がこの本を読み、映画『おくりびと』の構想のきっかけになったというエピソードは有名。

『啓蒙の弁証法――哲学的断想』

ホルクハイマー、アドルノ／著　徳永恂／訳　岩波文庫／2007年

第二次世界大戦末期に書かれた、西欧文明の根本的な自己批判として名高い名著。反ユダヤ主義などを例に挙げつつ、近代以降の「啓蒙」が、人間を非合理性から解放すると同時に、暴力的な画一化をもたらすと批判した。

滝田洋二郎監督、本木雅弘主演の映画『おくりびと』が2009年のアカデミー賞外国語映画賞を受賞した。

この映画は、本木氏が①青木新門『納棺夫日記 増補改訂版』（文春文庫、1996年）を読み、感動したことから生まれたという。

率直に言うが、映画による感動には危険な面がある。このことを、②ホルクハイマー、アドルノ／著 徳永恂／訳『啓蒙の弁証法——哲学的断想』（岩波文庫、2007年）を導きの糸に考えてみたい。少し難しい本だが、映画、テレビなど映像メディアの危険性について論じた古典なので、この機会に目を通してみよう。

〝納棺夫〟とは、聞き慣れない言葉だ。富山の葬儀会社に勤務する著者は、湯灌、納棺に従事するようになり、いつしか納棺夫と呼ばれるようになった。この仕事についた初日の記録から物語は始まる。

〈今朝、立山に雪が来た。／全身に殺気にも似た冷気が走る。今日から、湯灌、納棺の仕事を始めることにした。／言い出して、二、三日逡巡していたが広言した手前もある。思い切って実行した。／湯灌といっても死者を湯あみさせるわけでなく、死体をアルコールで拭き、仏衣と称する白衣を着せ、髪や顔を整え、手を組んで数珠を持

たせ、納棺するまでの一連の作業である〉（①11頁）

富山地方では、従来、湯灌、納棺は死者の従兄弟（いとこ）、叔父、甥（おい）がするものだったという。それが時代の流れとともに葬儀会社に任されるようになった。

この作品には、さまざまな納棺の様子が描かれている。孤独死をした老人の蛆（うじ）がわいた死体の描写が圧巻だ。

〈まず玄関から廊下にかけての蛆を箒で寄せてはちり取りで取った。布団の横へお棺を置ける状態にするまでに一時間ほどかかった。／お棺を置き、布団をはぐった瞬間、一瞬ぞっとした。後ろにいた警察官は顔をそむけ後退りし、箒を届けに来た男などは、家の外まで飛び出していった。／無数の蛆が肋骨の中で波打つように蠢（うごめ）いていたのである〉（①55頁）

人間に生命があるように、蛆にも生命があることに著者はふと気づく。

〈蛆を掃き集めているうちに、一匹一匹の蛆が鮮明に見えてきた。そして、蛆たちが捕まるまいと必死に逃げているのに気づいた。柱をよじ登って逃げようとしているのまでいる。／蛆も生命なのだ。そう思うと蛆たちが光って見えた〉（①56頁）

活字と映画では、メッセージの伝え方が異なってくる。アドルノとホルクハイマーは、トーキー（有声映画）の特徴についてこう述べる。

〈実生活はもはやトーキーと区別できなくなりつつある。トーキーは、かつての幻灯劇場の域をはるかに越えて、観客たちが想像や思考を働かせる余地を奪う。（中略）トーキーは、自分に引き渡されている観客を訓練して、映画の中の出来事と現実の出来事とを同一視するように仕向けるのである。（中略）文化産業の製品、その典型はトーキーだが、その製品そのものが備えている客観的性質によって、想像力や自発性などの能力は麻痺させられる〉（②262〜263頁）

かなり厳しい表現だが、映画やテレビなど、映像と音声が合わさったメディアによる感動は、画面の中の出来事と現実の出来事を同一視させる機能がある。だが、現実の生活は映画よりもはるかに複雑だ。現実の生活でほんとうの感動を得るためには映画だけでは不十分だ。それに何かが付加されなければならない。

『おくりびと』を見た後、『納棺夫日記』を読むことで感動の質が変わってくる。例えば、死に直面した人間に関する著者の考察に私は深く考えさせられた。

〈誰かに相談しようと思っても、返ってくる言葉は「がんばって」のくり返しである。／朝から晩まで、猛烈会社の営業部のように「がんばって」とくり返される。親族が来て「がんばって」と言い、見舞い客が来て「がんばって」と言い、その間に看護婦が時々覗いては「がんばって」となる。／癌の末期患者に関するシンポジウムかなにかだったと思うが、国立がんセンターのＨ教授が発言した言葉だけを覚えている。／ある末期患者が「がんばって」と言われる度に苦痛の表情をしているのに気づき、痛み止めの注射をした後「私も後から旅立ちますから」と言ったら、その患者は初めてにっこり笑って、その後顔相まで変わったという話であった〉（①64～65頁）

映画をきっかけに、元になった本や原作を読むことだ。活字によって、自分の頭の中でイメージを思い浮かべることで、映画を見て直接受けるのとは異なった感動を経験することができる。

17 ラジオの世界の魅力
——ラジオの世界に、感受性豊かな人々が多い理由

『ラジオな日々——80's RADIO DAYS』
藤井青銅　小学館／2007年

70年代の終わりに放送作家になった著者が描く、ラジオが輝いていた時代。当時輝いていたスターたちのエピソードもちりばめられており、80年代ラジオ業界の雰囲気を知るだけでなく、青春小説としても楽しめる。

『手作りラジオ工作入門——聴こえたときの感動がよみがえる』
西田和明　講談社ブルーバックス／2007年

ラジオの基礎知識から実際にラジオを作って放送を受信するまで、ラジオにまつわる楽しみが詰まった1冊。真空管とトランジスタ混成ラジオやFM放送が聴ける2球超再生式ラジオなどの作り方が丁寧に解説されている。

私は「どうしてテレビに出ないのですか」という質問をよく受ける。そういう時には、「2002年、鈴木宗男疑惑の時に一生分テレビに出たのでもういいです」と答えることにしている。

これはかなり正直な気持ちだ。テレビは映像と音声、そして文字が同時に流れてくる。頭で理解する前に印象が焼きついてしまう。いったん「悪い奴だ」というイメージがテレビで定着すると、解消することはまずできない。

それから、テレビで発言できる時間は20秒とか30秒で非常に短い。北方領土問題や北朝鮮の核実験などについて、こんなに短い時間で説明する能力が私には備わっていない。それだからテレビには出ないことにしている。その代わりといってはなんだが、私はラジオにはよく出るようにしている。文化放送では野村邦丸さん、ニッポン放送では高嶋秀武さん、アール・エフ・ラジオ日本ではマット安川さんと仕事をすることが多い。ラジオでは、平均30分、話す時間がもらえるので意をつくした説明ができるからだ。

本項では①藤井青銅『ラジオな日々――80's RADIO DAYS』(小学館、2007年)、②西田和明『手作りラジオ工作入門――聴こえたときの感動がよみがえる』（講談社ブルーバックス、2007年）の2冊を手がかりにラジオについて考えてみたい。

私は『中島みゆきのオールナイトニッポン』が好きでよく聴いていたが、ラジオ番組にはだいたい放送作家がついている。彼らが、番組で話す流れを書いた脚本の善し悪しで番組の出来がだいぶ変わってくる。

私のような活字媒体で仕事をする作家は、完成した原稿をつくる。これに対して放送作家は、「だいたいこんな流れ」という幅のある原稿をつくる。実際の放送で、放送作家が書いた原稿を出演者がまるまる読み上げるということはニュース解説番組ではあまりないと思う。もちろん放送劇の場合はきちんとした台本が必要となり、それを声優が読み上げる。

ラジオで要求される原稿の幅は広いので放送作家にも幅広い対応能力が求められるのだ。

①を通じて、藤井青銅氏が優れた放送作家であることが伝わってくる。

〈「放送作家といっても、いろんな奴がいるよ」

と佐々木は言う。

「ウチの事務所でぼくがいつも二人でチームを組んでるやつなんか、作詞家になりたいなりたいって言いながら、放送作家をやってる」

「ふぅ〜ん。なんていう人？」

「秋元っていうんだ」

その男の名前は秋元康といった。当然、この時点でぼくにはなんの感想もなかった〉（①16頁）

放送作家からは、小説家、作詞家など活字を生業（なりわい）とするさまざまな表現者が生まれている。

ところで、人間の声が電波に乗って聞こえるという現象は不思議ではないか。なぜラジオから人間の声や音楽が聞こえてくるのかと問われてきちんと答えることができる人はあまりいないと思う。この機会にラジオの構造について勉強してみよう。

〈ラジオ放送電波を受信して聴きたい放送の周波数を選び出した後、検波して音声信号に変えて、イヤホーンやスピーカで聴く方式をストレート・ラジオと呼びます。鉱石ラジオ、ゲルマニューム・ラジオ、再生式ラジオ、レフレックス・ラジオなどがこれにあたります。前段に感度を上げるために、高周波増幅部を設ける場合があります。

構成が簡単なため自作ラジオとして最適です。部品も少なくて済むので、手作りに向いています〉（②47頁）

私は小学校6年生の時にアマチュア無線の免許をとった。それだから、小学校高学年の頃は、毎日、半田(はんだ)ごてを握りしめて、ラジオをつくったり壊したりしていた。

ちなみにストレート・ラジオは、現在、読者の周辺にほとんどない。今あるラジオ受信機はほとんどスーパーヘテロダイン方式だ。この方式は感度がよいので外国の放送も聞こえる。したがって、戦前、戦中の日本では一般市民が持つことはできなかった。

ラジオ番組にも必ず最終回がある。その時の寂しさを藤井氏はこう記す。

〈考えてみれば、永遠に終わらない番組なんて存在しない。放送作家ならばみんな、毎年三月と九月には自分の担当している番組が終了するか継続するかを心配し、胃が痛い思いをしてるじゃないか。番組が終わるなんてことには、慣れっこになっている

はずだ〉（①227頁）

ラジオの世界には、藤井氏のような感受性豊かな人々が多い。ラジオ好きと本好きは共通するところが多いように思える。読者にも、たまにはラジオのスイッチをひねってみることをお勧めする。

18

手塚治虫がわかる本

――マンガで政治や歴史について学ぶのは横着である

『手塚治虫＝ストーリーマンガの起源』

竹内一郎　講談社選書メチエ／２００６年

『人は見た目が9割』の著者による、本格漫画評論。手塚以前の漫画と戦後の漫画状況とは？　手塚治虫が漫画の何を新しくしたのか？　彼の作品を一コマ一コマ精査しつつ、ストーリー漫画の起源を遡(さかのぼ)る。

『ぼくのマンガ人生』

手塚治虫　岩波新書／１９９７年

手塚治虫の生前の講演記録を編集した1冊。いじめられっこだった少年時代、父母、先生、友人たちとの思い出について。また『鉄腕アトム』や『ブラック・ジャック』の技法やそこに秘めたメッセージなどが語られる。

私が幼稚園から小学校低学年の頃、手塚治虫のマンガをテレビにしがみつき熱中して見た記憶がある。『鉄腕アトム』は私たちの世代のシンボルだった。小学校で遠足に行くと、男子の3分の2は鉄腕アトムの絵が描かれた水筒を持っていた。確か私の茶碗にも鉄腕アトムが描いてあった。手塚マンガについて、**①竹内一郎『手塚治虫＝ストーリーマンガの起源』（講談社選書メチエ、2006年）、②手塚治虫『ぼくのマンガ人生』（岩波新書、1997年）**を手がかりに考えてみたい。

手塚マンガの中で私が好きだったのは『W3（ワンダースリー）』だ。銀河パトロール隊の宇宙人3人が銀河連盟から派遣されて地球調査にやってきた。1年間、調査した後、地球を残すか反陽子爆弾で消滅させるかを決定することが任務だ。3人の宇宙人はそれぞれウサギ、カモ、ウマとなり、調査に従事するという物語に惹きつけられた。

テレビ放映から50年近く経った今でもあらすじを覚えている。これは手塚の脚本が優れているからだ。

〈手塚は、劇作家的資質の持ち主であった。彼はマンガを描く前に、シナリオやシノプシス（あらすじ）を書くことが多かった。手塚の書いたシナリオは、舞台用の戯曲と

いうより、映画やテレビのシナリオの形式に近い〉（①53頁）

手塚の作風がテレビ時代と合致していたのである。

そういえば、『鉄腕アトム』や『W3』は、マンガ雑誌でも読んだが、その内容をほとんど覚えていない。水木しげる氏の『ゲゲゲの鬼太郎』や楳図（うめず）かずお氏の『おろち』については、雑誌で読んだ時の印象がとても強く記憶に焼きついている。『ゲゲゲの鬼太郎』はテレビでも見ていたが、雑誌のほうが圧倒的に怖かった記憶がある。

手塚マンガは確かにストーリー展開が面白い。手塚自身も子供の頃から物語をつくる特別の才能があったようだ。本人の回想を見てみよう。

〈とにかくいっしょうけんめい、一つの物語をつくりあげる努力をしたのです。たとえば、ぼくが庭に降りて、アリの歩いているのを見ているうちに、アリがカマキリに襲われて食べられたことを延々二、三〇枚書いたことがあります。そのなかで、ぼくは「アリが暑いなと思って頭を上げました」と書きました。すると、「手塚君、こんなインチキを書いては困る。これはうそではないか」と先生は言うのです。しかし、話を引き伸ばすために、どうしてもそこにフィクションが入ってくるのです。これはし

ようがありません〉（②34〜35頁）

手塚は無理をしてフィクションをつくり出しているのではない。この例に即して言うならば、舞台装置の上で出てきたアリとカマキリが勝手に動き始め、しゃべり出すのである。手塚は、それを記録すれば、おのずから作品ができあがるのだ。私は、フィクションではなくノンフィクションの専門家であるが、作品の作り方は戯曲型である。ただし、架空（かくう）の人物が思い浮かんでくることはない。構想力に限界があるからなのだろう。

手塚の意義は、マンガを文学の一分野にきちんと位置づけたことにある。

〈手塚は、マンガの方が文学よりも感情移入しやすいといっている。少なくとも、子どもマンガに関してはそういえる。文字は一度抽象化されているため、文学を読む場合、読者は自分でイメージを作らなくてはならない。絵に比べると観念性が高い。だから、マンガの方が感情移入しやすい、という説である〉（①228頁）

確かに一般論としては手塚の言うとおりなのだろう。ここで問題になるのは、感情移入が絵に限定されるために受動的になることだ。そのために、マンガばかり読んでいると、活字の内容を頭の中で組み立て直して、感情移入することが苦手になる。

手塚の場合、マンガは文学であるというプライドを持っていた。したがって、マンガを用いて特定の政治的主張を展開したり、社会的弱者を蔑視(べっし)するような言説を展開することはなかった。

しかし、マンガ家にもさまざまな人がいる。評論やノンフィクション作品で展開すればボロがすぐに出てくるような内容でも、マンガが感情移入しやすい媒体であることを最大限に活用すれば、乱暴な言説で人々を煽(あお)ることも可能だ。現にそれを商売にしている政治マンガ家もいる。

手塚の言説は、マンガが持つ危険性を明らかにしているという点でも興味深い。

マンガはあくまでも娯楽である。大いに楽しめばよい。他方、マンガで政治や歴史について学ぶという横着な発想をすべきでない。政治や歴史については、専門書をひもとき、質の高い知識を身につけることが求められる。

19　1Q84は思想小説だ

——目に見える世界の背後にある目に見えない領域の重要性がよくわかる

『1Q84　BOOK1・BOOK2』

村上春樹　新潮社／2009年

スポーツクラブのインストラクターと暗殺者、2つの顔を持つ青豆（あおまめ）。不思議な少女とともに小説を完成させる天吾（てんご）。交互に展開していた2人の物語がやがて交錯していく。社会的ブームを巻き起こした人気作家の長編。

出版界で2009年最大のニュースは、

①村上春樹『1Q84　BOOK1〈4月－6月〉』（新潮社、2009年）

②村上春樹『1Q84　BOOK2〈7月－9月〉』（同）

の刊行だ。2010年には『1Q84　BOOK3〈10月－12月〉』（新潮社）が刊行された。本項ではBOOK1、2について論じる。

優れた文学作品は複数の読み方ができる。『1Q84』は推理小説として、あるいは恋愛小説として読むこともできる。私は思想小説として読んだ。われわれの目に見える世界の背後にある目に見えない領域の重要性が、この小説を読むとよくわかる。

主人公の青豆（あおまめ）は個性的な美人だ。職業はアサシン（殺し屋）。予備校の数学教師で小説家になることを夢見ている天吾（てんご）は、小学校の時、青豆と同級生だった。お互いに離れ離れになった青豆と天吾は、見えない力によって引き寄せられる。きっかけとなったのが、ふかえりという17歳の少女が文学賞に応募した『空気さなぎ』という不思議な小説だ。知人の編集者からの依頼を受け、この小説の大幅な書き直しを天吾が行なう。そこから運命が変化していく。

誰でも、ある行為によって人生が決定的に変化してしまうことがある。私の場合、1991年10月、31歳の時に、日本と沿バルト三国（リトアニア、ラトビア、エストニア）との外交関係を樹立するための政府代表としてソ連を訪れた鈴木宗男衆議院議員（当時）に出会ったことで、まったく別の運命に巻き込まれていった。鈴木氏と意気投合することがなければ、2002年に逮捕され、512

日間も「小菅ヒルズ」（東京拘置所）の独房に閉じ込められ、外務省を去ることにもならなかった。もっとも、それならば私が作家になって、こうして読者と出会うこともなかった。

　青豆の場合、タクシーが首都高速道路で渋滞に巻き込まれ、請け負い殺人の現場への到着が遅れそうになったので、高速道路の非常用階段から地上に降りた。ここから別の運命が始まるようになる。

〈運転手は言葉を選びながら言った。「つまりですね、言うなればこれから普通ではないことをなさるわけです。そうですよね？　真っ昼間に首都高速道路の非常用階段を降りるなんて、普通の人はまずやりません。とくに女性はそんなことしません」

「そうでしょうね」と青豆は言った。

「で、そういうことをしますと、そのあとの日常の風景が、なんていうか、いつもとはちっとばかし違って見えてくるかもしれない。私にもそういう経験はあります。でも見かけにだまされないように。現実というのは常にひとつきりです」〉（①22〜23頁）

　地上に降りてからしばらくして、青豆は世界が今までの１９８４年から１Q８４年に変化したことに気づく。ただし、１Q８４年の世界はSF小説でいう、もうひとつの並行した世界（パラレル・ワールド）ではない。同じ１９８４年の世界が、特殊な体験をした人々には別に見えるのである。

青豆が１Ｑ８４がパラレル・ワールドのようなものかと質したのに対して、カルト集団のコロニー「あけぼの」の主宰者はこう答えた。

〈「君はどうやらサイエンス・フィクションを読みすぎているようだ。いや、違う。ここはパラレル・ワールドなんかじゃない。あちらに１９８４年があって、こちらに枝分かれした１Ｑ８４年があり、それらが並列的に進行しているというようなことじゃないんだ。１９８４年はもうどこにも存在しない。君にとっても、わたしにとっても、今となっては時間といえばこの１Ｑ８４年のほかには存在しない」
「私たちはその時間性に入り込んでしまった」
「そのとおり。我々はここに入り込んでしまった。あるいは時間性が我々の内側に入り込んでしまった。そしてわたしが理解する限り、ドアは一方にしか開かない。帰り道はない」〉（②２７１〜２７２頁）

大多数の人々は１９８４年に生きているのだが、ごく一部の人たちが１Ｑ８４年に生きている。そして１Ｑ８４年に生きている人たちには夜空に月が２つ見えるのだ。

人生において、やり直しがきかない瞬間がある。親と大喧嘩をして家を飛び出してしまう。恋人がいるのに別の彼女とセックスしてしまう。ペットの犬を飼いきれなくなったので保健所に預けて処分してもらう。飲みに行ったカネを架空伝票で会社につけ回す。普通と異なることをすると、その瞬間から世界が別に見えるようになる。

『1Q84』によってさまざまな人生を代理経験することができる。この小説を読むと人生が確実に豊かになる。

20 芥川賞・直木賞受賞作を読む

――人生はそれほどよくもなければ、悪くもない

『ポトスライムの舟』

津村記久子　講談社文庫／2011年

契約社員のナガセは少ない給料の中で、こつこつと貯金をしている。目標は、自分の年収と同じ「世界一周旅行」の費用を貯めること。年収＝旅の総額は163万円。彼女のささやかな日常が清潔な文章で丁寧に描かれる。

『悼む人』（上・下巻）

天童荒太　文春文庫／2011年

週刊誌記者の蒔野(まきの)は、死者を〈悼(いた)む〉ために全国を放浪する不思議な男、静人(しずと)と出会う。彼は何のために、見知らぬ死者を悼むのか？　静人とその家族、彼を取り巻く人々を通じて、生とは何か、死とは何かが綴(つづ)られていく。

『利休にたずねよ』

山本兼一　PHP文芸文庫／2010年

自らの美的センスだけを信じて、天下人(てんかびと)である豊臣秀吉に気に入られる千利休。彼の栄華から衰退までを描いた長編歴史小説。利休の一般的な「わびさび」のイメージに疑問を抱いた著者が、彼の中に宿る色艶に焦点を当てる。

2009年1月15日に2008年下半期の芥川賞・直木賞の発表があった。いずれの作品も読み応えがあり、面白い。

芥川賞を受賞した、①**津村記久子『ポトスライムの舟』**（講談社文庫、2011年）はリアリズム小説だ。

主人公の長瀬(ナガセ)由紀子は現在29歳で、工場で契約社員として勤務している。ナガセが大学を卒業してからどういう生活をしていたかについては書かれていないのでよくわからないが、4年前からこの会社で勤務している。当初、時給800円のパートで仕事を始めたが、仕事ぶりが認められ、月給手取り13万8000円の契約社員に昇格した。

体調が悪く咳き込んでいても、のど飴をなめながら頑張って仕事をしている。会社が終わると、大学の同級生だったヨシカが経営するカフェで月曜から土曜の夜6時から9時までアルバイトをしている。時給は850円だ。土日はパソコン教室の講師のアルバイトをしている。お金を稼ぐのに一生懸命だ。

ある日、ナガセは会社の掲示板でNGO団体が主催する世界一周船の旅のポスターを見かけ、世界旅行に夢を膨らませる。費用は163万円で、ほぼ年収に相当する。

お金はある程度たまるが、結局、世界旅行はあきらめる。その代わり、ナガセは不思議な買い物をする。

〈母親の頼みで、さる韓国アイドルのライブのチケットを予約するために、ひさしぶりにインターネットにつないだ後、雨水タンクを買ってしまった。どうせ世界一周の資金が貯められなかったのなら、何か欲しいものを買おうと思いついたのだった。それで雨水タンクを買った〉(①45頁)

ナガセの身辺の小さな物語がいくつも重なり、人生はそれほどよくもなければ悪くもないという雰囲気が伝わってくる。

直木賞を受賞したのは、②天童荒太『悼む人』（上・下巻　文春文庫、2011年）、③山本兼一『利休にたずねよ』（PHP文芸文庫、2010年）の2作だ。いずれも力作である。

②は、新聞記事や噂で非業の死を遂げた人の話を得て、その死の現場を訪れ、追悼するという変わった趣味をもつ「悼む人」、坂築静人を中心に展開される。

〈静人は、老婦人を相手に焼死した二人の名前を挙げ、家を知らないかと尋ねている。相手は不審そうに、どういう用かと訊き返した。

「悼ませていただきたいのです。もしお二人のことを御存じなら、お話しいただけませんか。お二人はどなたを愛し、また愛され、どんなことで人に感謝されていらっしゃいましたか」〉（②上・55頁）

静人は、死者に感情移入しすぎることを戒め、こうつぶやいた。

〈母に言われたんです。自分を失ったら目的を果たせなくなる、と。悼みをつづけることが大事なんじゃないか、と。母は、ぼくが死に引き寄せられているのを感じたのかもしれません。あの言葉に救われました。以後、だんだんと死者との距離が取れるようになったんです〉（②下・211〜212頁）

死者との連続性という意識を欠いては、民族も国家も成立しえない。「悼む」という行為を通して、死者との連帯の重要性を想起させてくれる本書の意義はとても大きい。

③は、戦国時代、第一級の知識人で文化人だった千利休に焦点を当てる。利休の美意識が、時の最高権力者、豊臣秀吉にとって邪魔になる。黄金の茶室における2人のやりとりに凄みがある。

〈「おまえ、ここにすわって、なにを思うたか」

秀吉が、利休にたずねた。

「はい……」

なにを訊かれているのか、わからなかった。

「関白殿下の御威光、ここに極まれりと存じます」

苦く笑った秀吉の口もとに、皺が深い。

「さようなことは訊いておらぬ。この茶室のことだ」

「すばらしき極楽かと」

秀吉が、首をふった。

「ちがう。なぜ、このような茶室を勘考（かんこう）したかをたずねておる」

利休は、返答に詰まった。

「関白殿下のお好みかと存じまして、創意いたしました」

「わしの好みに合わせたわけではあるまい。ここにすわっていると、皮をひきはいで剝き出しにしたおまえのこころを見ているようだ」

利休は、喉（のど）もとに短刀を突きつけられた気がした。

黄金の釜の湯音が、耳から遠ざかった。

「おまえは、怖（こわ）い男だな」

「おそれいります」〉（③359〜360頁）

他人の心を読み取ることができる人は、決して幸せになれないことを暗示している。結局、秀吉は利休に切腹を命じる。

芥川賞・直木賞を受賞したこの3作品を読むと、われわれの想像力が幅と奥行きを広げることになる。

21 松本清張のもうひとつの魅力

――良心をかけたノンフィクションのルールは愚直に守る

『随筆　黒い手帖』

松本清張　中公文庫／2005年

戦後最大の大衆作家、松本清張が、『点と線』などなじみ深い作品を例に取りながら「推理小説の発想」について語る。数々のヒット作を生み出した「創作ノート」を公開し、推理小説の舞台裏を明かしている。

『昭和史発掘』（全9巻）

松本清張　文春文庫／2005年

推理小説作家であると同時に、昭和史の先駆的な書き手でもあった松本清張のライフワーク。特に第5巻からの二・二六事件についての記述は圧巻で、軍閥暗闘の内幕を解明していくという著者の鬼気迫る執念が感じられる。

２００９年は松本清張の生誕１００周年だった。清張といえば、『点と線』『砂の器』などの推理小説が有名だ。ちなみに私は、裁判で一度判決が確定した事件は蒸し返されることがないという「一事不再理」なる法律知識を悪用した犯罪事件を描いた『一年半待て』という短編が好きだ。

清張は同時に優れたノンフィクションをいくつも刊行している。本項では、①**松本清張『随筆　黒い手帖』（中公文庫、２００５年）**と②**松本清張『昭和史発掘』（全９巻　文春文庫、２００５年）**を手がかりに、推理小説以外の清張の世界について考えてみたい。

小説家でもノンフィクション作家でも、作品をつくる過程について明らかにすることは少ない。職業上の秘密だから明らかにしないというよりも、どのようにして作品ができるかについて考察する余裕がないからだと思う。

①は、清張が作品をつくるコツについて述べた本だ。メモの技法、発想法についても参考になる内容が多い。

頭の中に浮かんできたことをどう作品につなげていくかについて清張はこう記す。

〈ヒントが「引用者補足・以下同」浮かんできたら、その場で、ただちに、持ちあわせた手帳なり何なりにメモしておきます。突然湧いたものだけに、すぐ記憶からうすれるということが非常に多く、あとで考えても、一体あれは何だったかなと、思いだそうとしても出てこないことがあるほどです。だから、なるべく、いつもノートを用意しておいて、思いついたら、すぐに一語でも二語でも簡単にメモしておくことが大切であります〉（①96頁）

私もいつもB5判のノートを持ち歩いている。寝る時も枕元にこのノートと2Bのシャーペンを置いて、着想が湧(わ)いたらすぐにメモするようにしている。ボールペンだと寝ながら書いていると文字がかすれてしまうので、鉛筆、シャープペンシル、もしくはサインペンが便利だ。

新聞記事の寄せ集めでは、ノンフィクション文学はできない。それだから、どのような筋道にするかという構成はとても重要である。

同じ題材を取り扱っても、小説とノンフィクションでは表現が異なってくる。ノンフィクションでは、劇的な場面を脚色してはならず、必ず文献的根拠もしくは現場目撃者の証言に基づいて書かなくてはならない。

ノンフィクションを書く時に、清張はこのルールに忠実だ。例えば、1932年の五・一五事件で、海軍の三上卓中尉と黒岩勇少尉が犬養毅総理を暗殺する場面を見てみよう。

〈私（引用者注・黒岩）が部屋に入ろうとしたとき、だれであったか分らぬが、射て射て、と言った。なお、そのとき、問答無用、という声もしたように記憶している。

私は射てという声を聞いてすぐ村山の右側に立ち、それまで右手に持っていた拳銃をずっと前方に突き出し、首相に向けて発射したが、私がそのピストルを発射した際、首相は右手を三上のほうにあげ、左手を後方畳につこうとしているときであったが、私が拳銃を発射すると同時に首相は腹部左寄のところを両手で押え、やや前にのめり、身体を左側に傾けた。これと同時にドーンというピストルの音がしたので、そのほうを見ると、三上の拳銃の筒先に煙が出ていた。すると、首相の右顳顬部やや前方上部に血の環のようなものが出来たのを認めた。これと同時に、首相は左前方に漸次頭部を下げつつ倒れかかっていた〉（②第3巻、183〜184頁）

少し長い引用になったが、清張は、暗殺の決定的瞬間については、自らの言葉をいっさい交えずに黒岩少尉の軍法会議における陳述の引用という形で読者に伝える。

巷間伝えられる、犬養総理が「話せばわかる」と言ったのに対し、青年将校たちが「問答無用」と言って拳銃を発射したという劇的描写は行なわない。そして清張は、問答無用という言葉について、直情径行な態度を示すものではなく、青年将校たちが**〈あわてていて余裕がなかったこと〉**（②第3巻、185頁）のあらわれと解釈する。妥当な評価と思う。

五・一五事件について、清張は現象面だけでなく、事件の背景となった大川周明や橘孝三郎の思想についても紹介している。

丹念に資料を調べ上げた上で、作家の良心にかけて正しいと思うことだけを書いていくというノンフィクションのルールを清張は愚直なほど守っている。

清張の推理小説が抜群に面白いのは、ノンフィクションの手法によってモデルとなる事件をいったんできるだけ再現した上で、それとは別の構成で架空の人物に作品の中で縦横無尽に語らせ、行動させるからだ。

22 司馬遼太郎の歴史観
――日露戦争を『坂の上の雲』で学ぶとロシア観を誤る

『坂の上の雲』（全8巻）
司馬遼太郎　文春文庫／1999年
松山出身の俳人正岡子規と、軍人の秋山好古・真之兄弟の3人を中心に、明治維新から日露戦争の勝利に至る、明治の日本をドラマティックに描いた長編歴史小説。2009年には初めて映像化されて話題となっている。

『司馬遼太郎を読む』
中村稔　青土社／2009年
詩人の中村稔による司馬遼太郎論。バルチック艦隊司令長官ロジェストヴェンスキーを司馬はどう描き、吉村昭はどう描いたのか？　そんな視点から司馬の多くの作品を分析。彼の小説作法と、歴史観を明らかにしていく。

日本の国民作家というと第一に司馬遼太郎が挙げられる。特に、その歴史観は「司馬史観」といって、日本人の意識に大きな影響を与えてきた。

もっとも読者には、「爺臭くて取っつきにくい」と感じる人も多いと思う。そこで、司馬史観について以下の２冊を手がかりに考えてみたい。

①司馬遼太郎『坂の上の雲』（全8巻　文春文庫、1999年）

②中村稔『司馬遼太郎を読む』（青土社、2009年）

『坂の上の雲』は、日本が日露戦争という国家存亡の戦いに勝利した要因が人間力にあると説く。司馬遼太郎は、あとがきでタイトルに込められた意味についてこう述べる。

〈楽天家たちは、そのような時代人としての体質で、前をのみ見つめながらあるく。のぼってゆく坂の上の青い天にもし一朶の白い雲がかがやいているとすれば、それのみをみつめて坂をのぼってゆくであろう〉（①第8巻・312頁）

明治期の日本人が、決して手が届かない坂の上の雲を目標に上昇していこうとした、つまり近代国家になろうと欧米諸国を追いかけていた雰囲気がよく表れている。

詩人の中村稔は、この小説で司馬遼太郎が展開した歴史観についてこう述べる。

〈『坂の上の雲』は秋山好古、真之兄弟と、それに加えて、正岡子規を軸として、明治初期から日本海海戦にいたる時期までを描いた歴史小説ですから、何故日本とロシアが戦わなければならなかったか、を書くのは当然です。司馬さんはこう書いています。「日露戦争をおこしたエネルギーは歴史そのものであるとしても、その歴史のこの当時のこの局面での運転者のひとりが、ニコライ二世であった」、また、「どちらがおこしたか、という設問はあまり科学的ではない。しかし、強いてこの戦争の戦争責任者を四捨五入してきめるとすれば、ロシアが八分、日本が二分である。そのロシアの八分のうちほとんどはニコライ二世が負う。この皇帝の性格、判断力が、この大きなわざわいをまねいた責任を負わなければならない」。

このロシアが八分、日本が二分という思い切りのいい歴史の割り切り方が司馬史観といわれるものであろうと思いますし、これが、司馬さんの作品の魅力であることは間違いないと思います〉（②11頁）

日露戦争の責任をロシア8、日本2と振り分ける客観的根拠はどこにもない。

当時は帝国主義の時代だった。近代国家となるためには、帝国主義政策に基づいて勢力圏確保のための戦争をする必要があった。それを指導者の性格や判断力に帰してしまい、さらにそのことが妙に説得力を持ってしまうのが司馬史観の魔力である。

私は、小説はあくまでも娯楽であると考える。現実の歴史を小説によって理解しようとすることはきわめて危険である。

私は外交官時代、もっぱらロシアを担当していた。一時期、若手外交官の教育係を務めていたが、「日露戦争を『坂の上の雲』で学ぶとロシア観を誤るので気をつけろ」と後輩たちに忠告した。政治家、外交官、自衛官など、現実の国際政治に関与する人は、情緒的な小説ではなく、乾いた研究書で戦争を理解しなくてはならない。

司馬文学は素晴らしいので大いに読むべきだ。しかし、司馬史観はあくまでも物語の世界の話と考え、現実と混同しないことが重要と考える。

また、この物語を通じて日本の教育の問題点も明らかになる。秋山信三郎好古は、子供の頃、信と呼ばれていた。父が好古にこう言った。

〈「信や、貧乏がいやなら、勉強をおし」という。これが、この時代の流行の精神であった。天下は薩長にとられたが、しかしその藩閥政府は満天下の青少年にむかって勉強をすすめ、学問さえできれば国家が雇傭（こよう）するというのである〉（①第1巻・16頁）

学問は本来、真理を追究するためのものだ。それがここでは就職の手段となっている。そして、よい成績をとってよい就職をすれば、経済的に苦労しないという俗物精神がここで褒（ほ）め讃えられている。こういう姿勢でいくら勉強をしても、受験に合格する力はついても、物事を判断するために役立つ教養は身につかない。

お受験、学習塾通い、苛酷（かこく）な受験競争、大学でも就職試験のための予備校に通い、勉強漬けになっても、その目標が就職であると、就職後、覚えた内容は数年で頭から消えていく。こういう勉強は結局、時間の無駄にしかならない。『坂の上の雲』型の勉強では、国際競争に耐えることができるような真の教養人は生まれてこないと私は考える。

23

「太宰治」という生き方

――人を疑わず、ウソをつかない人生の素晴らしさ

『走れメロス・おしゃれ童子』

太宰治　集英社文庫／1999年

自分の身代わりとなって人質になってくれた親友のため、メロスは走り続ける……。友情と信頼関係をテーマにした表題作のほか、心弱い少年時代の自分自身をシニカルに描いた『おしゃれ童子』などが収録された名作短編集。

『晩年』

太宰治　新潮文庫／2005年

妻の裏切りを知り、共産主義運動から脱落し、心中から生き残ってしまった太宰治。失意の彼が、自殺することを前提に、遺書のつもりで書き綴った『晩年』。そのほか『思い出』などが収録された27歳の時の処女創作集。

２００９年は太宰治の生誕１００年にあたる。太宰治の生き方については、自己破滅型であると嫌う人も多い。事実、薬物依存症になってしまい、39年の生涯で4回、自殺を試み、最後は愛人と入水（じゅすい）して生命を絶った。

生き方に対する意見はいろいろあるが、太宰治の文学が優れていることについては評価が確立している。

太宰治の作品では、①『走れメロス』（『走れメロス・おしゃれ童子』所収、集英社文庫、1999年）と、②『思い出』（『晩年』所収、新潮文庫、2005年）をあわせて読んでみると面白い。

メロスは、シラクス市の暴君ディオニスの怒りに触れて十字架にかけられて処刑されることになった。メロスは妹の結婚式に出席するために3日間の猶予を王に願い出る。そして、期日までに自分が戻ってこなければ、親友のセリヌンティウスを代わりに処刑してくれと頼んだ。ディオニス王は答える。

〈「願いを、聞いた。その身代りを呼ぶがよい。三日目には日没までに帰って来い。おくれたら、その身代りを、きっと殺すぞ。ちょっとおくれて来るがいい。おまえの罪は、永遠にゆるしてやろうぞ」〉（①１３８頁）

ここでディオニス王が述べた〈ちょっとおくれて来るがいい。おまえの罪は、永遠にゆるしてやろうぞ〉は、まさに悪魔のささやきだ。

妹の結婚式に出席したメロスは帰路、山賊に襲われ、時間をとられた。メロスは悪魔のささやきに身を委ね、セリヌンティウスを犠牲にして生き残ることを少しだけ考えた。しかし、思い直して、日没ぎりぎりのタイミングでシラクス市に戻る。メロスとセリヌンティウスの友情に心を打たれたディオニス王は心を入れ替え、こう言う。

〈「おまえらの望みは叶ったぞ。おまえらは、わしの心に勝ったのだ。信実とは、決して空虚な妄想ではなかった。どうか、わしをも仲間に入れてくれまいか。どうか、わしの願いを聞き入れて、おまえらの仲間の一人にしてほしい」〉（①152頁）

信実とは、〈まじめでいつわりのないこと〉（広辞苑）を意味する。こうして、人間不信に陥っていたディオニス王も他者に対する信頼を回復したのだ。

『走れメロス』は優等生的作品になっている。確かに、他人の評価を意識して太宰治は〝いい子〟になる傾向がある。『思い出』で、そのような自分の性格について こう述べている。

〈学校で作る私の綴方も、ことごとく出鱈目であったと言ってよい。私は私自身を神妙ないい子にして綴るよう努力した。そうすれば、いつも皆にかっさいされるのである。剽窃さえした。当時傑作として先生たちに言いはやされた「弟の影絵」というのは、なにか少年雑誌の一等当選作だったのを私がそっくり盗んだものである。先生は私にそれを毛筆で清書させ、展覧会に出させた。あとで本好きのひとりの生徒にそれを発見され、私はその生徒の死ぬことを祈った〉（②35頁）

もっとも私は、太宰治のこの告白を額面どおりには受け取っていない。文学の世界には翻案がある。『走れメロス』にしても、ギリシャ神話と18世紀ドイツの詩人シラーの詩「人質」を題材に翻案したものだ。「弟の影絵」もヒントは少年雑誌から得たのであろうが、そこには太宰治の独自性が加わっていたのだと思う。本好きの生徒は、「弟の影絵」が少年雑誌の作品に似ていることを教師に告げ口したはずだ。しかし、教師はその告げ口には意味がないと考えた。教師には、太宰治がヒントをどこかから得たとしても、それを文学作品にする力があることに気づいていたのだと私は考える。

太宰治は、自分を露悪的に描くところもあり、『思い出』にもその傾向がある。自らを〝いい子〟に描くのも、露悪的に描くのも他人の目を過剰に意識しているという点では同じだ。

太宰治は、生涯にわたってイエス・キリストが神を信頼したような信実の関係を人間が築くことができるかどうかということを真剣に考えていたのだと思う。『走れメロス』の中でメロスが妹にこう呼びかける。

〈「（前略）おまえの兄の、一ばんきらいなものは、人を疑うことと、それから、嘘をつくことだ。おまえも、それは、知っているね。亭主との間に、どんな秘密も作ってはならぬ。おまえに言いたいのは、それだけだ。おまえの兄は、たぶん偉い男なのだから、おまえもその誇りを持っていろ」〉（①140～141頁）

太宰治は、メロスの口を借りて自分自身に呼びかけているのだ。太宰治の作品を読むなかで、人を疑わず、嘘をつかない人生の素晴らしさについて考えてみよう。

24 ビジネスに役立つ古典の読み方

――標準的な高校の学習参考書ですら、人間理解の幅が広がる

『シグマベスト　理解しやすい古文　新装版』
秋山虔／編　文英堂／2008年

基礎知識と学習法の指導からはじまり、豊富な例文と問題に進むことにより、高校古文の初級から中級、上級まで段階ごとに進められる古文参考書の定番。図解や写真も多く取り入れ視覚的にも理解でき、古文に親しめる。

『日本の古典をよむ⑬　平家物語』
市古貞次／校訂・訳　小学館／2007年

現代語訳と原文を同時に読むことで理解が深まる「日本の古典をよむ」シリーズの『平家物語』。巻頭カラー特集文学紀行など、物語にまつわる資料・コラムも充実しており、古典の授業でやったきりという人も楽しんで読める。

ペンネーム「ターナー」さんからメールをいただいた。
「古典の読み解き方を教えてください。橋本治さんの『双調 平家物語』を4巻まで読んだのですが、なかなか時間がかかります。古典から現在役立つものはなんでしょう?」

この質問に対する回答を、①秋山虔(けん)/編『シグマベスト 理解しやすい古文 新装版』(文英堂、2008年)、②市古貞次(いちこていじ)/校訂・訳『日本の古典をよむ⑬ 平家物語』(小学館、2007年)の2冊を手引きとして、読者と一緒に考えていきたい。

古文も日本語なので、できれば原文で読みたい。そのほうが味わいの幅が広くなる。そして橋本治氏の現代語訳『平家物語』を読む場合にも、いくつか可能な解釈の中から橋本氏がどのような選択をしているかがわかる。それによって橋本氏のものの考え方を知ることにつながる。

古典を学ぶ意義について、秋山虔氏はこう述べる。

〈現代の私たちのことばも、私たちの生活形態も、突如として作り出されたものではなく、遠い昔から時代時代を経て少しずつその姿や仕組みを変えつつ、一続きに受け継がれながら現在に至ったのである。

●したがって、古語や古文を学ぶということは、現代とは無縁の過去に分け入ることではなく、日本人のことば、すなわち国語によって独特の文化を培って(つちか)きた日本人の歴史の中に生かされている私たち自身を知るということであり、そのことなくして、私たちは、新しい文化の担(にな)い手として未来を開く主体とはなりえないのである〉（①1頁）

秋山氏の意見に全面的に賛成だ。

高校の学習参考書は教科書よりもわかりやすい構成になっている。標準的な学習参考書を一冊読み、古語辞典を手元に置けば、自力で古典を読み解くことが基本的にはできるようになる。しかし、そんな時間がないという読者には原文と現代語訳の対訳本がお勧めだ。②は『平家物語』の有名な部分が抜粋され、対訳が付されている。とりあえずは現代語訳の部分だけを拾い読みしてみてもいい。具体的な箇所を示す。

壇ノ浦(だんのうら)の「先帝身投」の場面だ。わずか8歳の安徳(あんとく)天皇の最期の描写が涙を誘う。

〈〔安徳天皇は〔引用者補足〕〕「尼ぜ、私をどちらへ連れて行こうとするのだ」と仰せられたので、二位の尼（引用者注・安徳天皇の祖母、平清盛の妻）は幼い君にお向い申して、涙をこらえて申されるには、「主上はまだご存じないことでございますか。前世で十善の戒を守り行ったお力によって、今生では天子とお生れになりましたが、悪い縁にひかれて、ご運はもう尽きておしまいになりました。まず東にお向いになって、伊勢大神宮にお暇を申され、その後、西方浄土の仏菩薩方のお迎えにあずかろうとおぼしめして、西にお向いになって、お念仏をお唱えなさいませ」〉（②240〜241頁）

運に見放されたので、敵（源氏）に捕らえられるよりは死を選ぶのだ。幼い安徳天皇にもその意味はわかった。二位の尼は説得を続ける。

〈「この国は粟散辺地（辺鄙な地にある、粟粒を散らしたような小国、日本）といって、悲しいいやな所でございますから、極楽浄土といってすばらしい所へお連れ申し上げますよ」と泣きながら申されたので、幼帝は山鳩色の御衣に角髪をお結いになって、御涙をはげしく流されながら、小さくかわいらしい御手を合せ、まず東を伏し拝み、伊勢大神宮にお暇を申され、その後、西にお向いになって、お念仏を唱えられたので、二位殿はすぐさまお抱き申し上げ、「波の下にも都がございますよ」とお慰め申し上げて、千尋もある深い深い海底へお入りになる〉（②241頁）

この部分を読めば、怪談『耳なし芳一』で、恨(うら)みをもった平家の怨霊(おんりょう)が芳一を誘った理由がわかる。また、日本人が負けた者の無念さに共感する心情を持っていることもわかる。古典を読むことによって、人間理解の幅が広がるのだ。

実は学習参考書のレベルは高い。『平家物語』の表現形態についての〈合戦を語るには和漢混合文（和文と漢文の叙述様式を混ぜ合わせた文体）を用い、恋愛を語るには和文を用いるというように、構成・形式・文体の各面において変化に富む。雄大な叙事詩ともいうべき性格を持ち、後代の文学にも大きな影響を与えた〉（①187頁）という評価は大学レベルの内容だ。

だが、学習参考書はていねいに読めば誰でも理解できる。古文に対する抵抗感がなくなった読者は、自力で岩波文庫の古典（語彙(ごい)解説はついているが、現代語訳はない）を読み解くことに挑戦してみよう。その過程で教養と表現力が着実に向上する。それは文書能力を向上させるので、ビジネスにも役立つ。

25 「恨み」を上手にかわす方法

——祟りをかわす日本人独自の知恵から学べる教訓とは

『小泉八雲集』

小泉八雲／著　上田和夫／訳　新潮文庫／1996年

アイルランド人の父とギリシャ人の母のもとに生まれ、のちに日本人女性と結婚、日本に帰化した小泉八雲（ラフカディオ・ハーン）による代表作を集めた1冊。日本人にすら忘れ去られた「不思議な日本」に触れられる。

『雨月物語』

上田秋成／著　高田衛、稲田篤信／校注　ちくま学芸文庫／1997年

独創的な幻想が織りなす世界を描いた傑作を数多く生み出した江戸中期の作家、上田秋成（あきなり）。中国の伝奇物の技法を用いつつ、人間が持つ情念をファンタジックに描いた代表作。本文のほか、わかりやすい現代語訳や解説も充実。

暑い夏は、恐ろしい怪談を読んでヒヤッとするというのが日本の文化だ。

本項では次の2冊を取り上げてみたい。

①小泉八雲／著　上田和夫／訳『小泉八雲集』（新潮文庫、1996年）

②上田秋成／著　高田衛、稲田篤信／校注『雨月物語』（ちくま学芸文庫、1997年）

ラフカディオ・ハーンの父はアイルランド系のイギリス人で、母はギリシャ人だ。1890年、39歳の時、来日し、島根県松江中学の英語教師となる。翌年、小泉節子と結婚し、96年に日本に帰化、小泉八雲と改名する。54歳で死去するまで、英語教育と海外への日本文化の紹介に尽力した。

小泉八雲の作品を読むと、日本人独自の知恵がどのようなものであるかがよくわかる。私は小泉八雲の怪談のうち『かけひき』（原題：Diplomacy［外交］）がいちばん好きだ。

武家屋敷で罪人が死刑にされることになった。この罪人は、恨んで仕返しをするという。鬼気迫る形相（ぎょうそう）だ。そこで主人は、お前が何か証拠を見せない限り、意趣返し（いしゅがえし）など信じない、目の前にある飛び石に噛（か）みついてみろと言い放った。

〈「噛みつきますとも！」と男は、激しい怒りにかられて、叫んだ、「噛みつきますとも！——嚙みつき——」
閃光一閃、ひゅうと風が鳴り、ドサッという重い音。縛められたからだが、俵の上に伏した——二条の長い血潮が、切られた首もとからいきおいよく噴き出す——首は砂の上にころげ落ちた。重々しく、飛び石のほうへそれはころがっていく。と、いきなり飛び上がって、石の上端を歯にくわえ、一瞬、必死にかじりついていたが、ころりと落ちた〉（①162頁）

その後、処刑された男の祟りを誰もが恐れた。しかし、主人はまったく恐れていない。そして、その謎解きをする。

〈ただ、あの者の最期の意志だけは、剣呑なものであった。それで、証拠を見せるように申して、あれの心を意趣からそらしたのじゃ。あの者は、飛び石に嚙みつきたい一心で死んだ。そして、その一心は果すことができたが、ただそれまで。ほかは、みな忘れてしまったにちがいない〉（①163頁）

狡猾な主人は、罪人の最期の一念の恐ろしさを熟知しているので、あえて飛び石という偽の標的を与えたのだ。私は、2002年に鈴木宗男疑惑の嵐が吹き荒れた時に、マスコミの激しいバッシングを受けた。しかし、マスコミのことをまったく恨んでいない。それは、私にとってマスコミを恨むことは飛び石に嚙みつくようなものだからだ。ほんとうに悪いのは歪曲(わいきょく)した情報や偽情報をマスコミに流した外務官僚だ。仇討(あだう)ちは、マスコミではなく外務省に対して行なわなければならないと小泉八雲の作品から学んだ。

男女の情愛のもつれから生じた恨みの怖さを見事に描いているのが『雨月物語』だ。著者の上田秋成は江戸中期の小説家で、幻想的な世界観を特徴とする。

特に怖いのが、「吉備津(きびつ)の釜」だ。井沢正太郎は磯良(いそら)と結婚する。磯良は夫と舅(しゅうと)、姑(しゅうとめ)によく尽くすが、正太郎は女癖がよくなく、愛人のところに泊まり家にも帰らなくなった。磯良は死んで怨霊になり、正太郎に取り憑(つ)いて殺そうとする。

陰陽師(おんみょうじ)が、戸口にまじないを書いた札を貼って、42日間、家に籠(こ)もって神仏に祈念すれば、亡妻の呪いから逃れることができるという。そして、42日目になった。

〈ようやく明け方の空もしらじらと明けてきた。正太郎は長い夢からさめたような気がして、すぐ彦六（引用者注・正太郎の親戚）を呼ぶと、彦六は壁に近づいて（同・正太郎と彦六は長屋の隣の部屋に住んでいる）、「どうした」と答える。「きびしい物忌みもとうとう終わった。長い間あなたのお顔も見ていない。なつかしいし、またこの数十日のつらさ恐ろしさを思う存分話して、心を晴らしたい。目をおさまし下さい。私も外へ出ましょう」と言った。彦六は深くものを考えない男であったから、「今はもう心配ない。さあこちらにおいでなさい」と言って、戸を半分あけないうちに、隣の家の軒先から「うわっ」と叫ぶ声が鋭く耳に入り、思わず尻もちをついた〉（②277頁）

亡妻は鬼になっていた。鬼の神通力（じんつうりき）で、一瞬の間だけ夜を朝に変えて、正太郎をおびき寄せたのである。おびただしい血が流れている。

〈月あかりで見ると、軒の先に何か物が下がっている。灯火を高くさしあげて照らして見ると、男の髪のもとどりだけがぶらさがっていて、ほかには何もない〉（②278頁）

正太郎は、髷（まげ）以外、すべて鬼となった亡妻に食われてしまったのだ。

パートナーを裏切って恨まれることは、できるだけ避けたほうがよいという教訓だ。

26 休みにこそ読むべき本
――いくら読んでも教養が身につかない本があるので要注意

『歴史哲学講義』（上・下巻）

ヘーゲル／著　長谷川宏／訳　岩波文庫／1994年

ドイツの哲学者ヘーゲルが晩年にベルリン大学で講義した歴史哲学の内容をまとめた1冊。「理性が世界を支配している」と語る彼の捉える歴史とは？　原文が講義録という前提のもと、わかりやすい日本語に訳されている。

『天地明察』（上・下巻）

冲方丁　角川文庫／2012年

舞台は江戸、4代将軍家綱の時代。「日本独自の暦＝太陰暦を作る」という一大プロジェクトに生涯を捧げた男、渋川春海（はるみ）。碁打ちにして数学者という彼の、20年間にわたる奮闘ぶりをいきいきと描いた歴史小説。

まとまった時間を利用して、ふだんはなかなか取り組むことができない骨太の読書をしてみよう。

難しい本にはふたつの種類がある。

ひとつ目は、書いている内容が滅茶苦茶なので理解できないものだ。学者や官僚が書く本で、こういう内容のものがけっこうある。相手の名前や肩書に圧倒されてしまい、「わからないのは自分の勉強が不足しているからだ」と思ってしまう。こういう本をいくら読んでも教養が身につくことはない。

ふたつ目は、書いている内容はしっかりしているのだが、読者に予備知識がないからわからない本だ。例えば、微分法について知らない人が金融工学の本を読んでも理解できない。逆に、基礎的な数学の勉強をすれば、金融工学の専門書をきちんと理解できるようになる。

とても高度な内容であるが、読みやすく書かれている以下の2冊を紹介したい。

①ヘーゲル／著　長谷川宏／訳『歴史哲学講義』（上・下巻　岩波文庫、1994年）

②冲方丁（うぶかたとう）『天地明察』（上・下巻　角川文庫、2012年）

ヘーゲルの文章はドイツ語の原文で読んでも難解だ。しかし、19世紀前半、ヘーゲルの大学での講義は大教室がいっぱいになるほど人気があったし、本もよく売れた。現代のタレント学者のような感じだ。

長谷川宏氏は、ヘーゲルを現代の日本人にわかりやすく訳すことに努めている。ほかの人の訳ではちんぷんかんぷんでも、長谷川訳で読めばヘーゲルはよくわかる。

哲学のはじまりについてヘーゲルはこう記す。

〈哲学はおどろきから出発する、といったのはアリストテレスですが、ギリシャの自然観もおどろきから出発します。とはいっても、精神が異常なものに出会って、それと普通のものとを比較する、というのではない。知性によって自然の規則的な運行をとらえたり、それをなにかと比較したりといったことはまだおこなわれず、むしろ、めざめたばかりのギリシャ精神は、自然の自然らしさにおどろくのです。ギリシャ精神は、あたえられた自然をぼんやりとうけいれるのではなく、最初は違和感をいだきつつも、しかし信頼できるという予感のもとで、自分と親しく、自分が積極的にかかわることができるようなものとして自然に信頼をよせるのです。このおどろきとこの予感がギリシャ精神の根本にあるものですが、ギリシャ人はそこにたちどまらない

で、予感された内面的なものを一定のイメージに造形して、意識の対象にかかげるのです〉（①下巻・25〜26頁）

最初、何かを見たり、聞いたりして、驚いたことを頭の中できちんと説明できるようにまとめていくことが哲学だとヘーゲルは考える。哲学について難しく考えることはない。ものを考えるということ自体が哲学なのだ。

この点で、日本人も、ものを考えることに長けた民族だ。

②では、日本独特の暦を作った数学者・渋川春海の生涯を追いながら、江戸時代において数学が日本独自の発展を遂げたことを描いている。

〈当時、算術は、技芸や商売のすべてである一方、純粋な趣味や娯楽でもあった。機会があれば老若男女、身分を問わず学んだのである。そろばんと算術が全国に普及し、算術家と呼ばれる者たちが現れて各地で塾を開き、その門下の者たちがさらに算術を世に広めた。

算術書も多く出版され、中には長年にわたって民衆に親しまれ、版を重ねるものもある。

そしていつしか、神社に奉納される絵馬に、算術に関するものが現れていた〉（②17

18頁）

絵馬に質問を書いて、それに答えるという形で数学力が向上していく。数学という、多くの読者が敬遠するテーマを冲方丁氏は、わかりやすく、かつエキサイティングに書いている。

渋川春海のような、歴史的な偉業を成し遂げた人物について書かれた本を読むことで、読者はその人生を追体験することができる。

この点で、回想録を読むことは、その著者の人生を読者がそのまま体験するようなものだ。

回想録を読む際の注意についてヘーゲルはこう記す。

〈回想録の作者は高い地位についていなければならない。上にたってはじめて、ものごとを公平に万遍なく見わたせるので、下の小さい窓口から見あげていては、事実の全体はとらえられないのです〉（①上巻・15頁）

最近は普通の人の歴史を描いた民衆史がブームだ。しかし、歴史的事件のプレイヤーだった高い地位についていた人の回想録を読まないと歴史の本質的な流れをつかむことができない。

第二章　日本という国がわかる書棚

27

「労働と余暇」を考える

——資本主義体制では、カネになることだけが正しい

『余暇と祝祭』

ヨゼフ・ピーパー／著　稲垣良典／訳　講談社学術文庫／１９８８年

西洋文化の基礎としての余暇とは？　余暇の本質とは？　真の余暇を実現するために必要なものは何か？　ヨーロッパにおける余暇の歴史や価値観をひもとくことで、彼らの「余暇観」と「労働観」が明らかになる1冊。

『経済学の効用』

宇野弘蔵　東京大学出版会／１９７２年

日本のマルクス経済学者、宇野弘蔵。世界的に影響を与えた彼が生前に行なった対談を集めた1冊。科学とイデオロギーをはっきり区別した著者の資本主義的分析の基礎がわかる好著で、『資本論』の参考書としても読める。

世界規模の不況の嵐が日本にも襲いかかっている。数万単位の非正規雇用者が解雇され、また、来年春から社会人になる予定だった高校、大学などの新卒者の内定取り消しという事態も起きている。誰もがこれから自分の身の上に何が起こるのかという不安をどこかで感じているはずだ。この機会に労働と余暇について根源的に考えてみよう。

私は、イギリスとロシアで暮らしたことがあるが、これらの国の人々はよく休む。まず、イギリスでは、水曜の午後はだいたい事務所が閉まっている。連休2日半で夏休みは1ヵ月。ロシア人は夏休みを2ヵ月とる。このようなヨーロッパ人、ロシア人の労働観を知るのに有益なのが、**①ヨゼフ・ピーパー／著　稲垣良典／訳『余暇と祝祭』（講談社学術文庫、1988年）**だ。ピーパーはドイツ人のカトリック神父である。

キリスト教世界において、労働は苦役（くえき）で、人生の目的は余暇を増やすことにあった。ピーパーは余暇の意義についてこう述べる。

〈余暇はギリシア語ではスコレー、ラテン語ではスコーラ、ドイツ語ではシューレ（学校）となります。つまり、ドイツ人が教養、あるいは人格形成の場をさすのに用いてい

る言葉自体が、余暇を意味しているのです〉（①22頁）

このような余暇の概念が、近代になって資本主義社会が成立した後、変容してしまったのである。

資本主義社会の内在的論理を解析したのがマルクスの『資本論』だ。しかし、『資本論』は理論書としてではなく、社会主義革命を煽る政治的文書として長い間誤読されてきた。この誤読を正し、『資本論』の中にある矛盾や論理の飛躍を整理して、独自の経済学体系を打ち立てたのが宇野弘蔵（1897〜1977年）だ。それは宇野理論とか宇野経済学と呼ばれ、米国やカナダの経済学界にも影響を与えている。宇野の著作には難解なものが多いが、**②宇野弘蔵『経済学の効用』（東京大学出版会、1972年）**は対談本なので比較的わかりやすい。

人間の個人的目的について想像することはそれほど難しくない。しかし、たくさんの人間が集まった社会の目的、すなわち社会的目的函数系を知ることは容易でない。資本主義は、市場における競争原理で社会問題の理想的解決ができると考える。

〈資本主義社会はそれ（引用者注・社会的目的函数系）を商品形態でもって、貨幣の機能

を通して資本の世界として解決する方法をとっている〉（②24頁）

商品は共同体と共同体の間の交換から生じたものだ。商品交換が一般化すると、物々交換の不便さを解消するために貨幣が生まれる。人間と人間の関係から貨幣が生まれたにもかかわらず、貨幣によって人間が支配されるという転倒した状態が生じる。

人間ひとりの労働で、自分自身が生活するよりも多くの生産物を生み出しているのは自明であるにもかかわらず、資本主義体制下では貧困や失業が発生する。宇野はこの事情についてこう述べる。

〈資本家は破産することもあれば、労働者は失業することもある。破産するものや失業するものが出ても仕方がないというのが資本主義のやり方なんです。資本主義は、そういう代償の上に自分の機構をつくり上げている。したがって例えば失業問題なども労働者だけの問題と思うのは間違いで、資本家にとってもというより、資本主義自身にとってたいへんな問題なのです〉（②24頁）

資本が利潤を追求し、自己増殖していくことを目的とするのが資本主義体制の特徴だ。そこでは人間性は重視されない。カネになることが正しいとされるのである。

もちろん資本主義社会において、失業し、賃金がまったく入ってこないならば生きていくことができない。しかし、自分の必要以上にカネを稼ぐことにどれほどの意味があるのかよく考えてみる必要がある。少し余裕のある人が困っている人を助けるという行動をとるだけで、日本社会はだいぶ変化するはずだ。それができないのは思想に問題があるからだ。

〈全体主義的な、労働が絶対視される社会においては、原則的にいって実益から切り離された空間なるものは存在しません。それは土地空間についても、時間についても同じことです。つまり、そこには礼拝のための空間も、祝祭も存在することは不可能なのです。それというのも、「労働者」の世界は合理性と実益に支配される世界だからです〉（①101頁）と、ピーパーは述べる。

28 格差の本質を知る
――新自由主義政策がもたらした地獄絵を正直に提示すべきだ

『札幌時計台レッスン　政治を語る言葉』
山口二郎／編著　七つ森書館／2008年

「社会に生きる人間が自分の言葉で政治を語り、自らの抱える問題を公共的空間に提起することで社会は良くなる」をテーマに、政治・思想・人権・精神医学・外交のプロがそれぞれの角度から日本の政治について論じる。

『セメント樽の中の手紙』
葉山嘉樹　角川文庫／2008年

昭和初期に小林多喜二（たきじ）と共にプロレタリア文学を主導した著者による8編を収録。建設現場で働く男がセメント樽（たる）の中で見つけた手紙に書かれていた悲痛な叫びとは？　現代社会に通じるワーキングプアの世界が描かれる。

2008年に戦前のプロレタリア作家、小林多喜二の『蟹工船（かにこうせん）』が大ベストセラーになった。私はどうしてもこの本に対して違和感が残る。政治的宣伝色が強すぎるからだ。例えば、川崎船（蟹工船に付属する小型船）でロシアに漂流した船員が、ソ連体制は素晴らしいと憧（あこが）れる記述。そして、労働者が徐々に階級意識に目覚め、団結していくというのも「共産党に入りましょう」という勧誘のようで読後感があまりよくない。

私は『蟹工船』がブームになるような社会はあまり良くない状態にあると考える。小泉改革により新自由主義政策が日本社会全体に浸透したため、社会的格差がかつてなく広がった。資本主義社会では、能力、努力、運などによって格差が生じるのは当然だ。しかし、資本主義を野放しにしておくと、そこから絶対的貧困が生まれてくる。年収200万円以下の給与所得者が1000万人を超えるという状況はきわめて深刻だ。この収入では家庭を持って子供をつくることができない。世代を超える労働力の再生産ができなくなるということだ。今、なんらかの対策を打たないと日本の資本主義体制が足もとから崩れてしまう。対策を立てる前提として、新自由主義改革の本質が何であるかを理解しなくてはならないのだが、良い本がなかなかない。

この点、北海道大学大学院の山口二郎教授が編集・著述した、①『札幌時計台レッスン　政治を語る言葉』（七つ森書館、2008年）は、レベルが高くかつわかりやすい良い本だ。山口教授が、札幌大通公園の時計台にある講堂でゲストスピーカーを招き、市民を対象に行なった講義録だ。私も参加したことがあるが、熱気にあふれた面白いレッスンだった。山口教授は政治を語る言葉は具体的でなくてはならないと強調する。

〈小泉時代には、強者に対する再分配が改革という美名の下で進められた。これ以上、改革という意味不明の言葉を使うべきではない。社会保障改革ではなく、はっきりと医療費削減、介護費削減と言うべきであり、地方交付税改革ではなく交付税削減と言うべきである。そして、そのような政策がもたらす結果を明らかにしたうえで、その是非について国民の判断を仰ぐべきである〉（①261～262頁）

私も山口教授の言うとおりだと思う。政府は国民に新自由主義がもたらす地獄絵を正直に提示すべきだ。改革というイメージ操作は国民の政治不信を強めるだけだ。

新自由主義の地獄絵を知るためには、優れたプロレタリア文学を読むことだ。現在ではほとんど忘れられてしまったが、葉山嘉樹（はやまよしき）という作家の作品がお勧めだ。葉山は社会主義者であるが、ソ連を理想化しなかった。したがって、共産党とは一線を画した。特に、②『セメント樽の中の手紙』（角川文庫、2008年）が傑作だ。建設現場の作業員・松戸与三がセメント樽を開けると小箱があり、その中には手紙が入っていた。

〈私はNセメント会社の、セメント袋を縫う女工です。私の恋人は破砕器へ石を入れることを仕事にしていました。そして十月の七日の朝、大きな石を入れる時に、その石と一緒に、クラッシャーの中へ嵌（はま）りました。

仲間の人たちは、助け出そうとしましたけれど、水の中へ溺（おぼ）れるように、石の下へ私の恋人は沈んで行きました。そして、石と恋人の体とは砕け合って、赤い細い石になって、ベルトの上へ落ちました。ベルトは粉砕筒へ入って行きました。そこで鋼鉄の弾丸と一緒になって、細く細く、はげしい音に呪（のろい）の声を叫びながら、砕かれました。そうして焼かれて、立派にセメントになりました〉（②9頁）

手紙の中で、女工は人間セメントがどこで使われたかを知りたいと訴える。松戸与三はそれを読むと茶碗の酒を一気に呷り、へべれけに酔おうとする。ここには『蟹工船』のような明るい未来に向けた展望は何もない。葉山はあえて救いの処方箋を描かないことで、逆説的に「この状況から抜け出すために、なんとかしなくてはならない」という読者の感情を喚起しようとしたのだと私は考える。ソ連や共産党などの外部から与えられた理論ではなく、労働者が自分の頭で考え、自分の言葉で語り、自分の足で行動することを葉山は生涯追求した。

山口教授は、〈既存のメディアの受け売りでない、自分の言葉で政治を語るようになれば、必ず未来は変えられる。まじめに働き、社会に参画している人間が、自らの抱える問題を公共的空間に提起することを何ら遠慮する必要はない〉（①30頁）と述べるが、そのとおりである。自分の言葉で語ることができるようになるためには、本を読んで世の中のカラクリをよく知ることだ。

29 「政治家」の真の役割

——政治家の頼りなさは、われわれの姿の反映でもある

『職業としての政治』

マックス・ヴェーバー／著　脇圭平／訳　岩波文庫／1980年

社会学者のマックス・ヴェーバーが1919年に学生たちに向かって行なった講演をまとめたもの。あらゆる政治行動の原動力とは権力（暴力）であり、政治は政治であって倫理ではない。政治に身を投じる者に必要な資格と覚悟とは何か？　痛烈な問題提起は現在にも通じる。

『代議士は毎日何をしているのか——代議士諸君の生態学』

小牧ひろし　草思社／1983年

どんなことをしているのかわかりにくい「代議士」の日常を、複数の政治部記者がレポート。超過密スケジュールをこなし、票と資金を集めるため全国を駆けめぐる代議士たちの〝生態〟を克明に描く。付録に永田町用語辞典。

政治家を理解するために役に立つ本を2冊紹介する。①マックス・ヴェーバー／著　脇圭平／訳『職業としての政治』（岩波文庫、1980年）と、②小牧ひろし『代議士は毎日何をしているのか――代議士諸君の生態学』（草思社、1983年）だ。①は、政治に関心がある世界中の人が読んでいる古典だ。

日本の政治についてわかりやすく書かれ、かつ内容が正確な本は少ない。②はそのふたつの条件を満たす数少ない本だ。小牧ひろしはペンネームで、複数の政治部記者による合作だ。少しデータは旧(ふる)いが、日本の政治を理解するための基本書といえる。私は現役外交官時代に新入り外交官の教育係を務めていたことがあるが、その時もまず②を読むように勧めた。1．法律を作る、2．票を集める、3．金を集める、4．利権にタカる、5．派閥を作る、6．秘書を使う、7．生活を捧げる、8．権力をつかむ、9．野党の代議士たち、の9章構成で、付録に永田町用語辞典がついている。この一冊で国会議員の世界の基本がわかる。

さて、2008年9月22日、麻生太郎氏が自由民主党の総裁に選出された。議院内閣制の下(もと)では、与党第一党（つまり自民党）の党首が首相（内閣総理大臣）になるのがルールであり、麻生氏が首相になった。それにしても政治が面白くなくなってしまった。その理由をヴェーバーは見事に説明している。

〈ブルジョア政党は一八八〇年以降、完全に名望家ギルドになった。なるほどこれらの政党でも時には党外のインテリを宣伝目的に利用し、「この人もあの人もわが党の味方である」と言う必要はあった。しかしこれらの人を選挙に立てることは極力避け、万已むをえない場合、当人がそうでないと承知しない場合にだけ、立候補させた。

議会でも同じ精神が支配した。ドイツの議会政党は昔も今もギルドである。帝国議会の本会議でおこなわれる演説は、すべて事前に党内で徹底的に検討される。そのことは演説がひどく退屈なことからも分かる〉（①72頁）

ギルドとは、職人組合のこと。政治が家業になってしまったというわけだ。日本の国会議員には2世、3世が多い。ひと昔前まで、政界には「イドベイ」という業界用語があった。

〈昔は自分の資産を傾けて政治に打ち込む政治家がいた。田畑や山林を売りつくし、残ったのは井戸とへいだけというたとえ〉（②201頁）に由来する用語だ。今では政治家が十分儲かる仕事になったので、子供に跡を継がせようとするのである。

もっとも、2世、3世であっても政治家としてしっかりした仕事をしてくれるならば、問題はない。特に現在、国際情勢はとても大きく変化している。2008年8月のロシア・グルジア戦争で明らかになったように、自国の利益を武力によって実現するという傾向が強まっているのだ。私は帝国主義時代が再来したと考えている。弱肉強食の国際社会で、日本国家と日本人は生き残っていかなくてはならない。

　このことを考えた場合、日本の国会議員は「いい人」が多いが、どこか頼りないのだ。とはいえ、ある国の政治家の水準が当該国民の平均から著しく乖離することはない。政治家の頼りなさは、われわれの姿の反映でもあるわけだ。この状況を改善するためには、ひとりひとりが同胞意識を高め、社会を強化することだ。自分のことだけではなく、お互いに助け合うことだ。助け合いの文化を作るところに政治家の役割があると私は考えている。ベテランの政治部記者たちが、政治家になる人々の動機についてこう言う。

〈何万人に自分の名前を書かせる快感がたまらないと言う人もいる。あるいは、大臣という立身出世を夢見てなる人もいる。戦いに勝つという、男の本能に根ざした行動と言う人もいる。どれも一面をついていると思う。

しかし、最終的には意外と（中略）〝天下国家のため〟がエネルギーの根源にあるのかもしれない。一日に何十人の人と会い、一晩に三つ、四つのパーティ、宴会をこなし、〝私は嫌いな人に会ったことがない〟と言い切る、あの姿を見ていると、大義名分がないとやり切れないだろうと同情したくもなるのである〉（②198頁）

同感だ。

30 プロレスは社会の縮図だ

――今の政界に命がけで政治に取り組む政治家はいるか？

『アントニオ猪木自伝』

猪木寛至　新潮文庫／2000年

ブラジルへ移住した少年時代から、力道山との師弟関係、モハメド・アリとの戦いをはじめとする異種格闘技戦について。国会議員時代や新団体旗揚げの思い出。結婚と離婚など、プロレス界のスターが本名で語り尽くした自伝。

『みんなのプロレス』

斎藤文彦　ミシマ社／2008年

『週刊プロレス』の人気連載「ボーイズはボーイズ」を単行本化。「プロレスが大好きな人は、みんな、〝プロレスラー〟である」と語るベテランライターによる、60人超のプロレスラーたちの笑って泣けるインタビュー集。

外交官としてモスクワの日本大使館に勤務していた頃、私はアントニオ猪木さんのアテンド係だった。猪木さんは当時、参議院議員を務めていた。

外務省には便宜供与（べんぎきょうよ）という業界用語がある。国会議員をお世話することをそう呼ぶのだ。

1989年7月、猪木さんは参議院議員に当選した。その直後にモスクワを訪問し、偶然、私が便宜供与の担当官となった。2人は波長が合い、その後、猪木さんがモスクワを訪れる時は私がいつも便宜供与をするようになった。ロシアの政治家や官僚には格闘技ファンが多い。猪木さんはロシアでも超有名人だ。それを利用して、私はクレムリン（大統領府）や国会に人脈を築いていった。

プロレスについて、以下の2冊を通じて考えてみたい。

①猪木寛至（かんじ）『アントニオ猪木自伝』（新潮文庫、2000年）

②斎藤文彦『みんなのプロレス』（ミシマ社、2008年）

猪木さんは酒が強い。私も体質的にアルコールはけっこう体に入るほうだ。2人でウオトカを2～3本飲む。その時、猪木さんは必ず力道山の思い出について話す。

〈力道山は普段もゴルフの練習用に、柄の先に鉛の玉がついているクラブを持ち歩いていた。綺麗に振れるとカチーンと音がする。ある夜、酔っぱらった力道山が「おいアゴ、ちょっと来い」と言うので、近づくと、そのクラブで思い切り頭を殴られた。目から星が散って、カチーンといい音がした。私は何も悪いことはしていなかったと思う。あのときは、熱が下がらずに一週間ぐらい寝込んでしまった。

やはりどこかで理由もなく殴られたとき、殺意を覚えたこともあった。そのとき、たまたま目の前に料理包丁があったのだ。一瞬、頭の中に「刺してやろうか」という気持ちがよぎった。だが勿論（もちろん）、刺さなかった。相手は師匠だし、私にはそんな度胸はない〉（①86頁）

同じく付き人をしていたジャイアント馬場氏は、力道山にこのような扱いをされたことはないと猪木さんは言っていた。猪木さんは力道山をまったく恨（うら）んでいない。むしろ、あの激しさがどこから生まれたかを探究したいという気持ちが強かった。

それが力道山の祖国である北朝鮮（朝鮮民主主義人民共和国）との交流に猪木さんが取り組む動機なのである。猪木さんは、「プロレスは労働者階級に楽しんでもらうスポーツだ。プロレスは社会の縮図だ」と言っていた。

スポーツライターの斎藤文彦氏の作品を読んで猪木さんの言う意味がわかった。

〈プロレスのソフトウエアとしては昔ながらのオーソドックスなスタイルからデスマッチ系、格闘技系、バチバチ系、バラエティー系やお笑い系、連続ドラマ系までなんでもある。メジャーとインディー（あるいはマイナー）というカテゴリーにとらわれず、おもしろいかおもしろくないかの判断をあくまでも観客の感性にゆだね、いかなるプレゼンテーションもどんなプロレスラーのどんな闘いも否定しないところがプロレスというジャンルのいちばんフェアで民主的なところだろう〉（②4頁）

プロレスは民主社会のスポーツなのである。猪木さんは、プロレスがヤラセのショーであるという見方に大反発していた。猪木さんの話を聞いて、私もプロレスラーが死と隣り合わせの職業だということがよくわかった。

猪木さんの場合、イラクからの人質解放に命がけで取り組んだが、その背景にもプロレスラーとしての猪木さんの死生観がある。ロシアとのからみでも命を失いかけたことがある。

〈議員生活がスタートしてすぐ、私は政治家としての洗礼を受けることになった。暴漢に斬りつけられたのである。

私はその日、会津若松で講演していた。ロシア問題がテーマだった。私は演説というのが大の苦手だ。とにかく緊張してしまう。それに政治家になりたてだったから、政治家らしく喋らないといけないと思い込んでいた。でもそれでは猪木らしさが消えてしまう。そんなことを悩みつつ、自分のロシア体験のことを話していたのである。

（中略）

スポットライトが当てられ、周りがよく見えなかったから、突然頭にガツンという衝撃を感じたときは、何が何だかわからなかった。意識が途切れたのだろう。一瞬、頭が空白になった。意識が戻ると同時に、何かが光ったのが見えた。

私は咄嗟に右手に持っていたマイクを首の左に当てた。その上から、短刀が叩きつけられ、首をスパッと切られた〉（①292頁）

マイクを当てなければ頸動脈が切れ、出血多量で死んでいた。犯人は精神障害者ということだったが、猪木さんは政治テロではないかという疑いを持っていた。

今の日本の政界に命がけで政治に取り組む政治家が少ないことが残念だ。

31 政権交代がわかる本

――日本は「自己責任主義」と決別することができるのか？

『若者のための政治マニュアル』

山口二郎　講談社現代新書／2008年

社会の惨状に悩むあらゆる人々へ、「頭のよい政治家を信用するな」「あやふやな言葉を使うな」「本当の敵を見つけよう」「当たり前のことを疑え」など、民主主義を使いこなすための10のルールをわかりやすく解説。

『まるごとわかる！　民主党政権』

講談社セオリー／編　講談社／2009年

民主党の政策で、日本はどう変わるのか？　「子ども手当」「年金制度の一元化」など、キーワードごとに解説。また、小沢一郎など主要人物についても分析。政権交代時に発売された本だが、今読めば発見が生まれる。

２００９年８月30日、第45回衆議院議員選挙（総選挙）が行なわれた。最大の争点である政権交代について以下の２冊を手がかりに考えてみたい。

①山口二郎『若者のための政治マニュアル』（講談社現代新書、２００８年）

②講談社セオリー／編『まるごとわかる！　民主党政権』（講談社、２００９年）

北海道大学大学院の山口二郎教授は、難しい政治の現状をわかりやすく説明することができる優れた政治学者だ。山口教授は、小泉政権の改革がもたらした結果をこう評価し、民主主義的選挙の意義を強調する。

〈二一世紀の始まりと共に国民が熱狂した小泉政権の「構造改革」も、七年が経ち、その本性を現したということである。一握りの強者のみが得をし、普通の人を踏みつけることに何らのやましさも痛痒も感じないエリートが跋扈する社会ができてしまった。

こんな生きづらい社会を変える最強の武器は、民主主義である。日本では、一応市民的自由が保障され、一人に一票が平等に与えられている。この権利を使えば、世の中を変えることができるはずである。しかし、普通の市民、特に若者にとって、学校で習った政治の知識と、市民としての実践の間には、とても大きな落差がある〉（①10

頁）

確かに学校で習った政治の知識と現実の政治はだいぶ異なる。しかし、民主的選挙で政権交代が可能になるという議会制民主主義のルールを過小評価してはならない。

1955年の保守合同後、自民党の分裂で政権交代が起きたことはあるが（1993年の細川護熙連立政権の誕生）、総選挙で自民党が少数派になり、権力の座から引きずり下ろされたことはない。だが、通信社や新聞社の最新の世論調査の予測では、今回の総選挙（2009年第45回衆議院総選挙）で民主党が第一党となり、自民党が下野する可能性が高い。

〈民主党政権が誕生するとしたら、その理由はなんだろう。

最も多い答えは、国民が「現状を変えたい」と願っているからだろう。長く続いた自民党政権で、多くのひずみが出てきてしまった。既得権としがらみでがんじがらめのこの閉塞状況を打破して、日本を新しく作り替えたい、と思っているからではないか。民主党をあぶなっかしいと思ってはいても、政権党にあぐらをかき続けた自民党に思い知らせ、初心に戻らせるためにも一度、野に下し、民主党にまかせてみようと

いう人が増えたからに違いない〉（②173頁）

国民は民主党を積極的に支持しているのではない。自民党政治に飽き飽きしているのだ。そして、政権交代を望んでいる。マスメディアは、各党のマニフェストを比較したり、点数をつけたりしているが、意味のない作業だ。マニフェストは「絵に描いた餅（もち）」にすぎず、それに基づいた議論は、総選挙で問われている意味をあいまいにしてしまう。

今回の選挙の本質は「誰が権力を握るか」ということだ。マニフェストに描かれた、どこまでが現実か、どこまでが空想かの境界線がはっきりしていない事柄について議論するよりも、国家のあり方の根本について議論すべきなのだ。この点でも山口教授の洞察が優れている。

〈リスクに個人で対応することは困難である。逆に言えば、現代の複雑な社会においては、多くの人々に共通するリスクに対応することを専門とする機関、つまり政府の役割が広がっていくことが必然である。それを前提とした上で、政府がどの程度人間のリスクをカバーするかをめぐっては、論争があり、国によって政府の活動領域は様々に異なる。

リスクを自分で背負う社会とは、いわゆる「自己責任」を基調とした社会である。人間が陥る不幸や抱え込む苦労には、すべて自分の中に原因が存在するのであり、その種の不幸や苦労について自分で解決すること、解決できなければ自分一人で苦しむこと――これが、自己責任という言葉の意味である〉（①52〜53頁）

今回の選挙で、日本は自己責任主義と決別することが重要だ。もっとも、民主党にも新自由主義的な競争社会を好み、自己責任を唱える人々がいる。こういう人々が目指す国家は小泉改革がもたらした国家と大きな差がない。この人たちの影響力が権力を獲得した後の民主党の主流になれば、国民の心は民主党から離れていく。そこで、議会の外からの運動で政治に影響を与えようとするファシズムが頭をもたげるかもしれない。これからのファシズムは、ナチスのような右翼的な形でなく、東京や大阪の都市部で「俺たちが儲けている富が地方にバラまかれるのはけしからん」という形で出てくる可能性がある。

民主党政権ができたとしても、それが国民の統制に従い、圧倒的大多数のビジネスパーソンの利益にかなう政治を行なうように、読者が監視することが重要になる。

32 リーダーシップの要諦

——権力をいかに適切に行使するかがリーダーシップ

『統帥綱領』

大橋武夫／解説　建帛社／１９７２年

旧日本軍の軍事機密で、将官および参謀のために国軍統帥の大綱を説いた、戦術、戦略の基本書。単なる兵書でなく、経営や人生にまつわる教訓が数多く見られるため、現代人にとってビジネス本として読むこともできる。

『リーダーになる人に知っておいてほしいこと』

松下幸之助／述　松下政経塾／編　ＰＨＰ研究所／２００９年

リーダーたるもの、またリーダーを目指す人は、日々何を心がけておくべきか？パナソニックグループ創業者が私財をなげうって設立した「松下政経塾」。ここで行なわれた松下氏による講演１００時間を再構成した1冊。

鳩山首相（当時）のリーダーシップの欠如が叫ばれているが、私は鳩山氏の指導力を肯定的に評価している。リーダーシップに関しては、権力をいかに適切に行使するかということがポイントになる。自民党政権時代に膠着状態にあった沖縄の米軍基地問題やJALの再建問題などが、就任後、次々と動きを見せたこと自体、鳩山氏がリーダーシップを発揮したことの表れである。

次の2冊を通じて、リーダーシップについて考えたい。

①大橋武夫／解説『統帥綱領』（建帛社、1972年）

②松下幸之助／述　松下政経塾／編『リーダーになる人に知っておいてほしいこと』（PHP研究所、2009年）

組織において、リーダーシップはきわめて重要だ。戦場で、間抜けな兵隊がいる場合、そいつが弾に当たって死ぬだけのことだ。しかし、司令官がバカだと部隊が全滅する。これは軍隊だけでなく、企業や官庁にも言えることだ。ただし、戦場のように死者や負傷者が出ないので、リーダーシップの欠如によってもたらされる問題が見えにくい。

戦前の日本陸軍に『統帥綱領』（1928年作成）という軍事機密文書があっ

た。一般の兵士や下士官はもとより、大多数の将校もこの文書の存在について知らされることはなかった。陸軍大学校を卒業し、高級指揮官になる者だけが読むことを許可された文書である。

太平洋戦争に敗戦した時、『統帥綱領』は一部残らず破棄された。そして、1962年、旧陸軍の高級指揮官を務めた人たちが集まって、記憶を持ちよってテキストを蘇(よみがえ)らせた。

大橋武夫氏は、戦時中、陸軍参謀として中国大陸で謀略に従事した。戦後、軍事のノウハウを経営に活(い)かす兵法経営を唱えた。①は『統帥綱領』とこの文書の参考書である『統帥参考』に大橋氏が解説を加えた貴重な史料だ。『統帥綱領』は、リーダーシップの重要性についてこう記す。

〈軍隊志気の消長は指揮官の威徳にかかる。

いやしくも将に将たるものは高邁なる品性、公明なる資質および無限の包容力をそなえ、堅確なる意志、卓越せる識見および非凡なる洞察力により、衆望帰向の中枢、全軍仰慕の中心たらざるべからず。

かくのごとくにして初めて軍隊の志気を作興し、これをしてよく万難を排し、艱苦

を凌ぎ、不撓不屈、敵に殺到せしむるを得べし〉（①358頁）

現代的な表現で言い換えるならば、リーダーは品性が高潔で、誰に対しても公明正大な態度をとり、意志、能力において卓越していなくてはならないということだ。そういう人間でないと、困難な状況を克服し、敵に打ち勝つことはできない。この原則は、現代の組織においてもそのまま応用できると思う。リーダーシップの要諦は、自らが所属する組織の人間の力を最大限に引き出すことだ。これが上手だったのは、「経営の神様」といわれた松下幸之助氏だ。

松下氏は、助け合いの重要性についてこう説く。

〈やっぱり奉仕の心を忘れたらいけない。われわれはお互いに奉仕しあっているんや。ぼくは諸君に奉仕している。諸君もまたぼくに奉仕をしないといかんな。お互いに仕えるということやな。仕えあうということが非常に大事や。これを忘れたらいけない。その心持ちがなかったらあかんで。そういうものがお互いの絆をつなぐわけや。それが人間の一つの姿や。そういうことがわからないと、具合悪いな〉（②122頁）

力で押し切るのはリーダーシップではない。上司と部下の真の信頼関係を構築しなくてはならない。そのためには、お互いが奉仕し合う。つまり直接の見返りを求めず助け合うことが重要なのだ。そこから組織の一体感が生まれる。この点を『統帥綱領』も重視する。
〈高級司令官は予めよく部下の識能および性格を鑑別して、適材を適所に配置し、たとい能力秀でざる者といえども、必ずこれに任所を得しめ、もってその全能力を発揮せしむること肝要なり。賞罰はもとより厳明なるを要すといえども、みだりに部下の過誤を責めず、適時これに樹功の機会を与え、もってその溌剌たる意気を振起せしむるを要す〉（①359頁）

上司は、要領がよく、できのいい部下をかわいがる。しかし、それでは組織の力を発揮できない。人間には能力や適性の差がある。たとえ能力が劣っている部下でも、やりがいのある仕事を見つけ、与えるのが上司の務めだ。また、部下のミスも、それを責め立てるのではなく、やり直しの機会をつくることも上司の務めである。

戦前の日本陸軍というと、非合理的な精神主義の権化（ごんげ）だったという印象があるが、それは間違いだ。『統帥綱領』や『統帥参考』には、21世紀のリーダーシップ論としても十分通用する内容が含まれている。

33 検察と政治家のリアル

——「誰が日本国家を支配するか」をめぐって闘争が行なわれている

『検察vs.小沢一郎——「政治と金」の30年戦争』

産経新聞司法クラブ　新潮社／2009年

2009年3月に、西松建設の違法献金疑惑で小沢一郎氏の公設第一秘書が起訴されたことを発端（ほったん）に本格化した小沢と検察の戦い。特捜部と小沢、西松建設との関係からはじまり、角栄内閣まで遡（さかのぼ）る小沢のルーツなどが明らかに。

『検察の正義』

郷原信郎　ちくま新書／2009年

2006年まで特捜検事を務め、現在は弁護士となっている検察OBが検察の正義を問いただした1冊。政治資金問題、被害者・遺族との関係、裁判員制度、検察審査会議決による起訴強制などで揺れ動く検察の内情を暴露。

小沢一郎幹事長（当時）と「鬼の特捜」（東京地方検察庁特別捜査部）がガチンコ勝負を繰り広げている（陸山会の土地取引事件）。これを踏まえ、以下の2冊を通じて政治家と検察について考えてみよう。

①産経新聞司法クラブ『検察vs.小沢一郎――「政治と金」の30年戦争』（新潮社、2009年）

②郷原信郎（ごうはらのぶお）『検察の正義』（ちくま新書、2009年）

「正義の味方の検察が悪代官・小沢一郎を懲（こ）らしめている」という図式では、この抗争の本質を理解することができない。これは、「誰が日本国家を支配するか」ということをめぐって展開されている権力闘争なのである。

検察官を含む官僚は司法試験や国家公務員試験に合格したエリートが国家を支配すべきと考える。これに対して小沢氏は国民の選挙によって選ばれた国会議員が国家の主人と考える。

もっとも、いったん選挙に当選してしまえば国民のことなど考えない政治家はたくさんいる。だから、選挙で選ばれたからといって国民の利益を代表しているとはいえない。

政治にはカネがかかる。選挙に当選するために後援者の面倒を見なければならないからだ。これまでの日本の政治は土建政治と呼ばれてきた。国会議員が政治力で公共事業を地元に持ってくることによって富の再分配がなされていた。

しかし、こういうシステムは腐敗を生みやすい。だから、政治家と検察は常に緊張関係にあるのだ。２００９年３月に「鬼の特捜」が小沢氏の秘書・大久保隆規氏を逮捕し、小沢・検察戦争のゴングが鳴った。

〈西松建設事件の政界捜査「小沢ルート」は、田中（引用者注・角栄元首相）－金丸（引用者注・信元副総理）－小沢と連なる旧態依然の土建政治・金権政治に対する、特捜部の挑戦だった。

特捜検察と小沢との闘いは、まさに「宿命の対決」なのである〉（①２３３頁）

もっとも、検察が「正義の味方」とはほど遠い組織であることは、２００６年まで特捜検事を務めていた郷原信郎氏（現・弁護士）の証言に耳を傾ければよくわかる。

Ａという被疑者が見つからないので、その従弟のＢさんを脅しあげる仕事を上司に命じられた時のことを郷原氏はこう記す。少し長くなるが、特捜検察の取り調べの実態を示す貴重な証言なので引用しておく。

〈翌日の朝、霞が関の東京地検に出向いたB氏は、私の「取調べ」が始まるなり、淡々と話し始めた。

「一昨日の夜も、X検事から電話があって、明日東京地検に来てくれと言われました。私が、仕事があって無理ですと言うと、『お前はAの居場所を知っているだろう。嘘をついてもわかる。隠しているから調べに応じたくないんだろう。隠したりしていると捕まえるぞ』とさんざん脅されました。ちょうど、我が家では、子供にいろいろ大変なことがあって、とても深刻な家族会議をしている最中でした。中学生の息子がイジメで登校拒否をしています。それに加えて、一昨日、小学生の息子が、重い心臓病だということがわかって、私たち家族はどうしたら良いんだろうと、目の前が真っ暗になって……。そこに、夜の10時過ぎにX検事から電話があったのです。どうしても都合が悪いからと言って、東京地検に行くのは一日待ってもらいました。昨日、また電話がかかってきました。それが、検事さんからでした。私が検察庁に呼び出されたということで、今朝出てくるときに、女房が取り乱していて、私が逮捕されるんではないかと心配で頭がおかしくなりそうだと言っていました」

（中略）

私は、このときほど、恥ずかしく惨めな思いをしたことはなかった。自分がやっていることは人間のやることではないと思った〉（②40〜41頁）

結局、郷原氏は形だけの取り調べをして、上司には「ガンガンやっているんですが、何も話しません」と嘘の報告をした。こういう優しい性格だから、郷原氏は検察官をやめることになったのだと思う。

小沢幹事長が失脚すれば、鳩山政権も倒れる。

〈小沢は鳩山との会談の席上、「検察には負けていられない。政権交代を目指して頑張っていこう」「検察の対応はあまりにもひどい。戦うことはあきらめない」と繰り返し、検察との対決姿勢を何度も口にしたとされる。

その背景にあるのは、師である田中、金丸が政治生命を奪われる姿を間近で見た経験からくる検察への畏怖と敵対心だ〉（①232頁）

結局、現在の日本にはふたつの国家がある。鳩山・小沢民主党による国家と、検察・官僚による国家だ。

内輪喧嘩（うちわげんか）にエネルギーを費やしていると日本が沈没する。いいかげんにしてほしい。

34 「テロ」を起こす人々とは

――国民の声が政治に反映されない時にはテロが起きやすい

『一人一殺』

井上日召　日本週報社／1953年

日蓮宗の僧侶で戦前の右翼テロリスト集団である血盟団の指導者による自伝作品。1932年に発生した、政治・経済エリートを狙った連続テロ事件の首謀者である著者が、自身の人生と理念について綴る。

『蒼ざめた馬』

ロープシン／著　川崎浹／訳　岩波現代文庫／2006年

ロシアの詩人であり、社会革命党左派の戦闘団に所属していたサヴィンコフがペンネームで書いた小説。20世紀はじめのロシアのテロリストたちが持つ張りつめた心情を描き、発行されるとヨーロッパで反響を呼んだ。

元厚生事務次官夫妻らの殺傷事件について、当初、新聞やテレビは「年金テロ」ではないかと報じた。事件に政治性があるかどうか確たる情報がないにもかかわらず、テロ報道がひとり歩きしたことに私は不気味さを感じた。

太平洋戦争前の歴史を見てみると、日本でも政治テロが流行していた時期がある。特に有名なのが血盟団事件だ。

1932年2月9日、駒本小学校（東京都）へ総選挙の応援演説のため訪れた井上準之助民政党幹事長（前大蔵大臣）が、続く同年3月5日には三井銀行本店の玄関で團琢磨三井合名理事長（三井財閥の総帥）が射殺された。

実行犯は茨城県の農村出身の小沼正・菱沼五郎の2名だったが、背後で糸を引いていたのは右翼活動家の井上日召だった。彼は、私利私欲に没頭し、国防を考えず、国民の福祉をおろそかにする政治・経済エリートを約20人暗殺すれば、そこから本格的な「世直し」が自然発生的に起きると考えた。

戦後公刊された、①井上日召『一人一殺』（日本週報社、1953年）で、井上日召は血盟団事件についてこう回想する。

〈実行方法は一人一殺主義をとり、拾名の同志が各人一名の第一目標・第二目標を定め、同志相互の聯絡(れんらく)を禁じ、拳銃・資金は直接私から手渡す、などの一般方略を決定した。／この時目標に上つた人物は、同志達の選定にかゝり、西園寺・牧野・團・井上を始めとする我国政界・財界の巨頭で、彼等こそ輔弼(ほひつ)を謬(あやま)り、国政を乱し、民生を苛(さいな)んで、当時の非常国難を招来した元兇であり、責任免る可からざる人達であつたのだ〉（①275頁。引用は、人名を除き旧漢字は新漢字に、旧仮名づかいはそのままにした、以下同）

井上日召たちは、テロによって権力を奪取しようとしたのではない。他人を殺す以上、自分の命も捨て去る覚悟だった。しかも、政治・経済エリートを個人的に憎んでいたわけではない。しかし、「世直し」のためにはこのようなエリートには消えてもらう必要があると考えた。その後、五・一五事件で犬養毅首相が暗殺される。この事件の思想的指導者である大川周明も、自分の命を捨てる覚悟をしていた。

国民は血盟団事件、五・一五事件の被告人たちを「暗殺という手段はよくないが、動機は正しい」と考え、助命嘆願をした。井上日召は無期懲役の判決を言い渡されるが、1940年に特赦(とくしゃ)で釈放され、その後、近衛文麿(このえふみまろ)元首相のブレーンとして活躍した。戦中、戦後と、右翼として活動した彼は1967年に80歳で死去した。

議会やマスコミを通じて国民の声が政治に反映されない時にはテロが起きやすい。帝政ロシアはその意味でテロ大国だった。

テロの内在的論理について知るためには、社会革命党のテロ軍団長だったボリス・サヴィンコフ（1879〜1925年）がペンネームで書いた小説、**②ロープシン／著　川崎浹（とおる）／訳『蒼ざめた馬』（岩波現代文庫、2006年）**を読むことを勧める。

この中には、社会正義を実現するため、神の愛を地上で実現するため、愛する男が革命家なのでその人のため、などテロリストのさまざまな動機が語られている。しかし、主人公のジョージにはそのような理屈はいらない。ただ殺したいから殺すのだ。

〈できるなら、わたしは政府高官と支配者の全員を殺すだろう。わたしは奴隷ではありたくないし、奴隷がいることも望まぬ。／殺してはならぬ、という。また、大臣は殺（や）ってもいいが、革命家を殺してはならぬという。これと逆のこともいわれる。／どうして殺人がいけないのか、わたしにはわからぬ。それに、自由の名において殺すのはよいが、専制の名において殺すのは悪いなどという理くつが、わたしには納得できない〉（②9頁）

ジョージはニヒリストであり、理想を持たない。行き場のない閉塞状況から生まれてきたテロリストなのだ。

井上日召の場合、テロの動機はニヒリズムではなく、日本への愛だ。

〈要するに、日本の国家社会は、すべてに於て紛糾・混乱・腐敗・堕落していたのである。一君万民共存共栄の国体の精華は、どこの隅にも見られない。まことの国日本は、全くうその国日本に成り下ってゐた。これを改革するには、容易ならぬ決意と実行とが必要である。「改革」なんて云ふ生やさしいものではない〉（①254頁）

小泉改革の結果が現在の閉塞状況だ。政治が国民の意思を吸い上げる機能を意図的に果たさない限り、第二の井上日召が生まれてくる。ふにゃふにゃとした政治がいつまでも続くと、テロの時代が到来すると私は本気で心配している。

35 裁判員制度と日本人

――憲法で定めた国民の義務では、裁判員になる義務はないが

『十二人の怒れる男』
レジナルド・ローズ／著　額田やえ子／訳　劇書房／1998年
ひとつの部屋に集められた12人の陪審員。誰もが少年の有罪と信じていたが、ひとりの陪審員だけは、彼の無罪を主張し、ほかの11人に議論を持ちかけるのだが……。12人の緊迫したやりとりが描かれる、名作の戯曲版。

『逆転――アメリカ支配下・沖縄の陪審裁判』
伊佐千尋　岩波現代文庫／2001年
1964年にアメリカ支配下の沖縄普天間(ふてんま)で起こったアメリカ兵殺傷事件。事件の陪審員を命じられた著者によるノンフィクション。アメリカ側の重圧をはねのけ、逆転を生じさせるまでの裁判の行方(ゆくえ)を息づまる筆致で追う。

兵庫県の春名義行さん（42歳・会社員）から、「裁判員制度をわかりやすく解説した本を紹介してほしいです。もう実施まで待ったなしなのですが、わからないことが多すぎます。結局、声の大きな人の意見が通ってしまうのではと不安ですし、根本的にこの制度は日本人に合うのでしょうか」という質問が寄せられた。

裁判員制度については、最高裁判所（http://www.saibanin.courts.go.jp）、日本弁護士連合会（http://www.nichibenren.or.jp）のホームページを見れば、仕組み自体はわかる。

むしろ、「根本的にこの制度は日本人に合うのでしょうか」という春名さんの問題提起が重要で根源的なので、**①レジナルド・ローズ／著　額田やえ子／訳『十二人の怒れる男』**（劇書房、1998年）、**②伊佐千尋『逆転――アメリカ支配下・沖縄の陪審裁判』**（岩波現代文庫、2001年）の2冊を手がかりに考えてみたい。

『十二人の怒れる男』は、ヘンリー・フォンダ主演の映画で有名だ。この作品はアメリカ型民主主義の素晴らしさが市民の裁判参加にあると讃（たた）えている。①は映画脚本ではなく、舞台用演劇の台本だ。本書のほうが、陪審員制度の臨場感が出ているのであえて選んだ。

少年による父親殺し事件で、最高刑は死刑だ。最初、12人の陪審員のうち、ほぼ全員が有罪の心証を持っているところで、陪審員第八号だけが無罪を主張する。第八号も無罪を確信しているわけではない。ただし、人間ひとりの命がかかっているので、少しだけでも議論をする必要があると主張する。

〈しばらく話し合いたいんです。いいですか――あの少年は生れて以来、ずっとしいたげられてきたんです。家族は貧しくて、貧民街で暮してきた。九歳のとき母親に死なれた。子供にとって決してよい環境ではありません。あの子は反抗的な子です。貧しい家庭の子供たちが、なぜ反抗的になるかご存知ですか? われわれが毎日、彼らの頭をなぐるからです。われわれは彼のために少しは論じてやる義務がある。わたしはそう思います〉(①38～39頁)

ここから議論が始まり、陪審員ひとりひとりの偏見が崩され、少年の無実が明らかになる。最後まで偏見から有罪を主張する陪審員第三号が、すすり泣き「負けたよ!」と叫び、無罪を宣言するところで舞台は終わる。

日本でもアメリカの施政権下にあった沖縄では、陪審裁判が行なわれていた。②は1964年、沖縄の普天間で起きた米兵殺傷事件をめぐるノンフィクションだ。容疑者は沖縄の青年4人だ。4人は、殺しには関与していないと確信する伊礼仁(いれいまさし)陪審員は、アメリカ人の陪審員が容疑者に重罪を科そうとするのを、必死になってひっくり返そうとする。

　そして、容疑者4人は傷害致死罪（米国刑法205条）の適用について無罪、傷害罪（同204条）で有罪という結論を出す。

　今度導入される裁判員制度では、裁判員が死刑、懲役7年、罰金50万円といった量刑も決定する。これに対して、①②では陪審員は有罪、無罪だけを判定し、量刑はそれに基づいて職業裁判官が決定する。

　②の判決は、3人が懲役3年の実刑、ひとりが執行猶予つきの懲役2年だった。相場観よりはるかに厳しい判決だ。伊礼は、〈**「もともと彼ら（引用者注・裁判官）は、理非曲直(りひきょくちょく)を正し、正邪を判決する法の番人ではなく、民政官と同じように、高等弁務官（引用者注・実質的に沖縄を支配する最高権力者）の意に従う。いわばポリシー（政策）・メーカーに過ぎないのですから……」**〉（②452頁）とつぶやく。

　本件は沖縄の支配者であるアメリカ人に日本人が危害を加えることは許されないというアメリカの強い決意を示すための政治裁判だったのだ。

私は裁判員制度には反対だ。それは、国家が国民に義務を課す場合、憲法上の根拠が必要と考えるからだ。日本国憲法で定められる国民の義務は、納税、勤労、教育だけで裁判員になるという義務はない。

しかし、春名さんが指摘するように裁判員制度は「もう実施まで待ったなし」で、２００９年5月21日から始まる。読者が裁判員に指名された場合も、『十二人の怒れる男』で陪審員第八号が述べる、

〈無罪を立証する必要はないのですよ。有罪が立証されるまでは、無罪なんですからね。あの少年は被告で、被告は何も証明しなくていいんです。発言しなくてもいいんですよ。これは憲法で保証されていることです〉（①43頁）

という推定無罪の原則を肝(きも)に銘じて審理にあたってほしい。

36 沖縄戦にみる米国の日本観

――「日本人を管理下に置く」という米国の戦略は、今も一貫して継続中

『私の沖縄戦記――前田高地・六十年目の証言』

外間守善　角川ソフィア文庫／2012年

次世代に戦争の愚かしさを伝えるために、沖縄学の第一人者として知られる著者が、80歳を越えて初めて語る沖縄戦の体験記。米兵の証言も収録されており、日米両軍の生存者の視点から沖縄戦を振り返ることができる。

『沖縄戦下の米日心理作戦』

大田昌秀　岩波書店／2004年

社会学者であり、実際に沖縄戦に参加していた著者による、戦時プロパガンダ研究。沖縄戦の心理作戦の実情について、自らの体験を織り交ぜつつ、詳細に分析している。宣伝ビラや新聞など、貴重な図版も多数掲載されている。

6月23日は、沖縄戦の慰霊の日だ。1945年のこの日、沖縄守備軍の牛島満司令官（陸軍中将）と長勇（ちょういさむ）参謀長（陸軍中将）が自決し、日本軍が組織的抵抗をやめたので、この日を沖縄の終戦記念日と見なしているのだ。

しかし、沖縄戦研究の第一人者である大田昌秀氏（元沖縄県知事）が文献、写真などの資料を精査した結果、牛島司令官、長参謀長が自決したのはその前日の22日であったことが明らかになっている。

沖縄戦から69年が経過しているが、戦時中の沖縄住民の集団自決をめぐる日本軍の責任については、歴史論争の枠組みを超えて政争を引き起こしている。沖縄戦をめぐっては、論者の政治的立場が先行しており、名前を見ただけで結論がわかるような、みせかけだけの議論が多い。これは退屈だ。そもそもあの戦争で国、郷土、家族、恋人のために命を捨てた人々の霊に対して失礼だと思う。沖縄戦に参加した人の書いた著作のうち、後世に残す価値があり、知的にも刺激を受けるので、読みやすい以下の本を紹介する。

①外間守善（ほかましゅぜん）『私の沖縄戦記――前田高地・六十年目の証言』（角川ソフィア文庫、2012年）

②大田昌秀『沖縄戦下の米日心理作戦』（岩波書店、２００４年）

大田氏も外間氏（２０１２年11月20日死去）も、沖縄師範学校在学中に鉄血勤皇隊に動員され、九死に一生を得た。戦後、外間氏は法政大学教授となり沖縄学の第一人者として活躍した。天皇陛下が皇太子時代に、外間氏は琉歌（りゅうか）について何度も御進講をしている。天皇陛下は和歌とともに琉歌も詠（よ）む。

一方の大田氏は、革新政治家としての業績ばかりが知られているが、政治的価値判断にとらわれず事態を冷静に見つめることができる優れた社会学者でもある。特に大田氏の戦時プロパガンダ（宣伝）に関する研究は、日本が対外インテリジェンス（諜報）機能を強化するために役に立つ基礎研究だ。

死傷者が多く「魔の高地」と呼ばれた前田高地の戦闘について外間氏は感情を排し、淡々とした記述に努めているが、それが独自の迫力を生んでいる。

〈五月三日以降の志村大隊は、前田高地台上に登ってくる米兵と手榴弾を投げあっての近接戦をくり返した。前田高地争奪戦の死闘は終日続いた。一部の米兵が台上にいることがわかったので、夜、機関銃中隊から斬り込み隊を選抜して襲撃し、成功した。田畑勝男伍長、村上喜昌上等兵のほか数名が米兵を銃剣で刺し殺し、火炎放射器、自動小銃、ダイナマイトなどを戦利品にして数人が生還した。大隊本部に初めて喚声があがった。しかし、断崖の下に米兵を追い落としたもののわが大隊の痛手も大きかった。私が見た生還者は三名だけだった。高地上での死傷者を救出することもできない状態で壕内では怒号が飛びかっていた。前田高地そのものが血走っていた〉（①90頁）

戦争を直接知らない世代の日本人が沖縄戦について語る場合、まず沖縄戦に従事した人々の手記を虚心坦懐（きょしんたんかい）に読むことが重要だ。そして、沖縄と本土が団結を強化するために何ができるかを考えながら、あの戦争について語ることが重要と私は考える。

米軍を人道主義的と見ることも間違っている。

〈米軍兵士は、「良いジャップ（引用者注・日本人に対する蔑称）は、死んだジャップだけだ」などと言って日本兵を見付け次第、容赦なく射殺した。いきおい、たとえ日本兵が武器を捨てて投降してきても、そのような事情に変わりはなかった〉（②49頁）

しかし、沖縄戦で米軍は、1944年頃から方針を転換し、日本人の人命を尊重するようになる。これは心理作戦と呼ばれる情報操作工作を武力戦と併用することで、勝利がより確実になると米国が考えたからだ。
〈心理作戦課の要員は、「日本軍兵士を捕虜にすれば、敵の情勢についてあらゆる情報が得られるだけでなく味方の人命の損傷を減少させることもできる」と繰り返し説明せねばならなかった。しかも以前には、「死んだジャップこそが良いジャップだ」と言っていたのを「一番いいジャップは、われわれの管理下に生きているジャップだ」と言い換えて実戦部隊の兵士を再教育したとのことである〉（②50、52頁）

大田氏が指摘した、日本人を米国の管理下に置くというインテリジェンス戦略は、太平洋戦争後も一貫して続けられている。沖縄戦での米国の日本観を研究すれば、日本の戦後の政治構造がよく見えてくる。

米国の管理下に置かれることを自発的に望むと、政治家でも外交官でも出世の道が保証されるのである。

37 沖縄の米軍基地問題を考える

――沖縄について建て前だけを述べる「カクテル・パーティー」はやめるべき

『カクテル・パーティー』

大城立裕　岩波現代文庫／2011年

アメリカ占領下の沖縄で開かれた親善パーティーに呼ばれた男。パーティーの間に米兵によるレイプ事件が起こり、被害者はなんと男の高校生の娘だった。基地問題をからめつつ、国際親善の「欺瞞（ぎまん）」を浮き彫りにする。

『国策のまちおこし――嘉手納からの報告』

渡辺豪　凱風社／2009年

基地を受け入れる代償に約200億円の給付金を受け取った嘉手納（かでな）町。町中心部の再開発に乗り出した嘉手納町長の奮闘を描く。沖縄の将来像、地域の自立のありかた、補償型政治の限界を模索したノンフィクション。

米海兵隊の普天間飛行場の移設問題が鳩山民主党政権の最重要課題になっている。

米国の要請を満たすために、自民党政権時代の日米合意に基づいて沖縄県北部の辺野古への移設を強行した場合、沖縄の怒りが爆発する。なぜなら民主党は2008年に発表した『沖縄ビジョン』で、普天間飛行場の県外、国外移設という方針を明確にした。さらに、2009年8月30日の衆議院議員選挙（総選挙）の「マニフェスト（政権公約）」で在日米軍再編合意の見直しを約束した。総選挙で沖縄の小選挙区から当選した4人の議員はいずれも県外もしくは国外移設を主張している。総選挙で沖縄から自民党議員が当選しなかったのは初めてのことだ。このような状況で、普天間飛行場の沖縄県内移設を政府が強行すれば、沖縄全体が東京の中央政府に対する不満を強め、日本の国家統合に亀裂が入る危険すらある。

沖縄の基地問題を次の2冊を通して考えてみたい。

①大城立裕（おおしろたつひろ）『カクテル・パーティー』（岩波現代文庫、2011年）
②渡辺豪（つよし）『国策のまちおこし――嘉手納からの報告』（凱風社、2009年）

沖縄の基地問題についての必読書が『カクテル・パーティー』だ。大城立裕氏は、この作品で沖縄の本土復帰前の1967年に第57回芥川賞を受賞した。沖縄出身者では大城氏が初の芥川賞受賞作家である。

この作品の主人公は、前章では「私」、後章では「お前」と呼ばれており、固有名詞がない。

冒頭、沖縄の人々が立ち入ることのできない米軍基地に「私」が好奇心から立ち入った時の恐怖心を描く。

〈道をみうしなったとき、ふと恐怖がきた。ここもやはり自分の住んでいる市のなかだという意識をにぎりしめようとするが、なんとも無理だった〉（①149頁）

大城氏が47年前に描いた状況が沖縄では現在も続いているのである。

この状況を懸命に変化させようとした元外交官がいる。外務省の北米第一課長を務めた岡本行夫氏だ。岡本氏は、外務事務次官レースを走るひとりと見られていたが、北米第一課長を最後に外務省を退職し、民間のコンサルタント会社を立ち上げた。その後も首相補佐官として沖縄問題や中東和平に取り組んだ。私が尊敬する外交官のひとりだ。

岡本氏は、橋本龍太郎首相の補佐官として、基地を受け入れる代償に、当該自治体に補助金を交付し、まちおこしを行なった。約200億円の交付金を受けて宮城篤実（とくじつ）氏が町長を務める沖縄県中部の嘉手納町は町中心部の再開発を行なった。**〈沖縄側に「宮城篤実」という地元政治家がいたことと、政府側に「岡本行夫」という懐刀が存在したこと、さらには、この二人の出会いが、内閣の最重要課題として「沖縄問題」が浮上した時期だったこと。この三つの偶然が重なり、嘉手納町に前例のないまちおこし事業をもたらした〉**（②208頁）のだ。

この事業に関しては、カネで沖縄に基地を押しつけたという批判も強い。しかし、当時の岡本氏や梶山静六内閣官房長官、橋本首相、鈴木宗男沖縄開発庁長官（兼北海道開発庁長官）が真剣に沖縄の人々の置かれている状況について考え、それぞれの立場でリスクを負って努力したことは評価されるべきと思う。

橋本政権以降の自民党政権、また鳩山民主党政権において、沖縄のために汗を流す閣僚と官僚がいないことが問題なのだ。

さて、①に登場するミラーは米軍の情報将校だ。スパイ活動の元締めをしている。「私」がミラー邸でのパーティーに招かれたのも、「私」が中国語に堪能（たんのう）だからだ。沖縄で中国に詳しい人々のネットワークを構築しようとしているのだ。

カクテル・パーティーを終え、家に帰ると、「私」の女学生の娘が、その晩、米兵にレイプされたことを知らされた。娘は抵抗して米兵に怪我をさせた。それ故に米兵から告発されて、刑事責任を追及されようとしている。娘が強姦容疑で米兵を告発しても、米軍統治下の琉球政府の強制捜査権は米兵に対しては及ばない。泣き寝入りするのみならず、娘が加害者にされる状況に「私」は追い込まれてしまった。「私」はミラーにこう宣言する。

〈私が告発しようとしているのは、ほんとうはたった一人のアメリカ人の罪ではなく、カクテル・パーティーそのものなのです〉(①225頁)

政治家も沖縄について社交辞令や建て前だけを述べるカクテル・パーティーをやめ、日本の国家統合を強化するために沖縄問題について本音の議論をしなくてはならない。

38 終戦記念日に読む本

――負け戦は絶対にしてはいけないというのが、あの戦争の教訓だ

『日本の戦争』

田原総一朗　小学館文庫／２００５年

小学5年生の時に敗戦を体験したジャーナリストの田原総一朗が、長年にわたって抱いてきた〝日本はなぜ、世界を敵にまわし「負ける戦争」を始めてしまったのか？〟という疑問を解き明かすため、戦争の真実に迫る。

『決定版　日本のいちばん長い日』

半藤一利　文春文庫／２００６年

ポツダム宣言に対し態度を決められない日本政府、玉音(ぎょくおん)放送を阻止しようとする陸軍の動きなど、昭和20年8月14日正午から24時間のうちに起こった出来事を、埋もれていた資料と証言をもとに再現したノンフィクション。

ギリシャ語には時間を表す言葉がふたつある。まず、時計やカレンダーのように日々流れていく時間を示す「クロノス」だ。これに対して、英語でタイミングと訳される「カイロス」という時間がある。歴史的な出来事とか運命的な出会いなどはカイロスで、その前と後では歴史や人生が大きく変わる。個人の人生でも、ファーストキスの日はカイロスだ。

1945年8月15日が日本にとってカイロスであったことは間違いない。われわれ日本人は8月15日を終戦記念日と呼ぶが、ほんとうは敗戦記念日だ。ちなみにお隣の韓国で8月15日は、日本の植民地支配から解放されたお祝いの日という意味で、「光復節（こうふくせつ）」と呼ばれている。

8月15日を考える2冊を紹介したい。

①田原総一朗『日本の戦争』（小学館文庫、2005年）

②半藤一利『決定版　日本のいちばん長い日』（文春文庫、2006年）

当時、国民学校（小学校）5年生だったジャーナリストの田原総一朗氏は、この日のことを今でもよく覚えている。

〈天皇の玉音放送を聞いてわたしは泣いた。海軍学校に行きたいと考えていたので、前途が閉ざされたことを悲しんだのだ。しかし、本音をいえば、日本の敗戦はわたしにとっては〝解放〟であった。

わたしの脳裏に刻み込まれていたのは、日本敗退のプロセスばかりで、最後は日本人の全てが玉砕する、つまり死ぬのだと思い込んでいたからである〉（①13～14頁）

あの戦争をどう評価するかは実に難しい。ただし、民主主義のアメリカとイギリスが正しくて、軍国主義の日本が誤っていたという図式は間違いだ。

1941年12月8日の日米開戦に至る経緯を見ると、日本が譲歩してもアメリカはそれを認めず強圧的な外交を行なった。少なくともアメリカ、イギリスとの関係で日本は対等の帝国主義戦争を展開したのである。

日本は国家存亡を賭けて戦った。そして、終戦記念日に命を絶った軍人も少なからずいる。そのひとりが阿南惟幾（あなみこれちか）陸軍大臣だ。1945年8月15日の早朝のことだ。

〈陸相官邸の雨戸はしめられていたが、夜も明けて陽の光が割れ目から射しこんでいた。陸相は冷やかな感触ののこる廊下に端坐した。陸相の真の心は、罪人としてのおのれを裁くことであった。なろうことなら庭で、陛下の大罪人として死にたいと思った。畳の上で死ぬことを、謹厳なる将軍は許さなかったのである。陸相はゆっくりと細身の短刀をとった。

竹下中佐が座敷へもどってきたときは、すでに陸相は割腹をおわり、左手で静かに右頸をなで頸動脈をさぐっていた。中佐は背後にうずくまって見守った。陸相の身体はゆらゆらと揺れていた。短刀が右頸におしあてられ、力強く前に引かれた。血がほとばしりでたが、身体はそれでも立ったままであった〉（②290頁）

あの戦争で日本国家と日本人を守るために多くの人々が命を捧げた。この人たちの犠牲の上に立って今日の日本の繁栄があることを忘れてはならない。私は終戦記念日の前後に靖国神社を必ず参拝し、英霊に対して「どうもありがとうございます」と手を合わせている。

改めて、われわれはあの戦争から何を学ぶべきか。

太平洋戦争前、近衛文麿首相によって「新体制運動」が展開されていた。国民の活力を最大限に動員し、高度国防国家を構築し、アメリカ、イギリスの圧力に屈せずに東アジアにおける日本の生存権を確保しようとする運動だった。そのためには、近衛首相が独裁者になる必要があった。仮に近衛首相が独裁者となっていたら、太平洋戦争を避けることができたのではないか、という見方を田原氏は紹介する。

〈近衛はヒトラーを目指し挫折した。全体主義国家への変革、いや「革命」を企てながら、天皇に反対されると、天皇を倒さずに萎縮してしまうというのは日本的というか、いかにも近衛的だが、坂野潤治（千葉大学教授）は「ようするに近衛は独裁者としての資質に決定的に欠けていた。現在の首相たちと同じ、かつがれ型の政治家だった。もし近衛が独裁者であったら、日中戦争も止めさせ得たし、太平洋戦争も起きていなかったかもしれない」といささか皮肉っぽい解説をした〉（①485頁）

近衛首相が優柔不断だったことは間違いない。近衛首相は政権を放り出した。その結果、東條英機首相が誕生した。そして日本は無謀な戦争への道を進んでいった。もっとも、近衛首相に獰猛（どうもう）で恥知らずな性格が潜んでいたら、確かに日中戦争を止めることはできたと思う。しかし、そう遠くはない時期にアメリカ、イギリスの帝国主義的野心と日本の国益が衝突し、戦争をすることになったと思う。

いずれにせよ、負け戦（いくさ）は絶対にしてはいけないというのがあの戦争の教訓だ。

39 竹島問題を理解する

――新自由主義的な弱肉強食の競争より、地域共同体を強化する競争を

『竹島問題を理解するための10のポイント』

外務省（http://www.mofa.go.jp/mofaj/でダウンロード可能）／２００８年

竹島問題を理解してもらうために外務省が作成したパンフレット。竹島の認知や領有について、島根県編入の経緯や時期、韓国の領有権主張とそれに対する疑問など、10のポイントごとに詳しく解説されている。

『相撲島――古典相撲たぎつ日』

飯田辰彦　ハーベスト出版／２００８年

島根県沖の隠岐（おき）で、大きな祝い事があるときに開かれる古典相撲。夜を徹して数百番の取り組みが行なわれるという伝統行事である古典相撲の歴史と現在の状況を、とりまく人々の姿を通していきいきと描き出したルポ。

2月22日は「竹島の日」である。1905年（明治38年）のこの日、島根県告示第40号によって竹島が隠岐島司の所管となった。2005年3月16日、島根県議会は2月22日を「竹島の日」とする条例を可決している。

領土は国家の礎である、自国の領土を実効支配することができない国家は一人前とはいえない。日本の場合、竹島が韓国によって、北方領土（歯舞諸島、色丹島、国後島、択捉島）がロシアによって不法占拠されている。この状況を解決しない限り、日本は一人前の国家とならない。その意味で、島根県が「竹島の日」に関する条例を制定したことは国益に適っている。

東西冷戦期、日本政府が国際舞台で竹島問題を取り上げることはほとんどなかった。ソ連、中国、北朝鮮という共産主義体制の脅威があるなかで、資本主義陣営に属する日本と韓国の間で諍いを起こすことが、共産主義陣営を利することになると考えたからだ。

しかし、ソ連は崩壊し、資本主義国ロシアが生まれた。中国も共産党政権の下で資本主義の道を歩んでいる。北朝鮮だけが依然として共産主義体制を歩んでいるが、国力は著しく衰えている。

領土は国家の原理原則である。竹島問題に関して、日本政府が自らの立場を毅然と表明すべきであるのに、それがこれまでできていなかった。

2008年になって、外務省もようやく重い腰を上げ、①『竹島問題を理解するための10のポイント』（外務省、2008年）と題する小冊子を発行した。この小冊子によって、以下のような日本政府の基本的立場が明らかになった。

〈韓国による竹島の占拠は、国際法上何ら根拠がないまま行われている不法占拠であり、韓国がこのような不法占拠に基づいて竹島に対して行ういかなる措置も法的な正当性を有するものではありません。このような行為は、竹島の領有権をめぐる我が国の立場に照らして決して容認できるものではなく、竹島をめぐり韓国側が何らかの措置等を行うたびに厳重な抗議を重ねるとともに、その撤回を求めてきています〉（①13頁）

確かに小冊子ではよいことを言っている。しかし、問題は外務省が竹島について、韓国に対して毅然たる外交を行なっているとはとうてい言えない状態にあることだ。日韓の首脳会談、外相会談で日本側は竹島問題を提起しない。

また2008年6月、島根大学での講演会で、外務省総合外交政策局国連政策課の藤本健太郎首席事務官が「韓国には拉致問題で協力を得なければならないので、竹島問題では強く出られない」という趣旨の発言をしたことが国会でも問題になっている（２００８年９月24日付・鈴木宗男衆議院議員の質問主意書参照）。

小冊子において「国際法上何ら根拠がないまま行われている不法占拠」と拳を振り上げておきながら、外務省中堅幹部が竹島の原点の地である島根県でこのようなフニャフニャとした講演をしているようでは、日本外務省がどこまで本気で竹島問題に取り組んでいるのかが疑われる。

竹島を管轄するのは隠岐の島町（隠岐・島後）であるが、ここでは古典相撲の伝統が生きている。②飯田辰彦『相撲島――古典相撲たぎつ日』（ハーベスト出版、２００８年）の記述が興味深い。

〈古典の二番勝負では、先勝ちした力士は二番目では相手に勝を譲る約束になっている。しかも、このときわざと力をぬいて簡単に負けることは許されず、二番目といえども、一番目に劣らない熱戦が期待されている。これは、こうして一勝一敗（つまり引き分け）で終わることで、狭い島内にもめ事を残さないための知恵であるという〉（②27頁）

外交交渉においても、実質的には日本が勝利するが、形の上では「引き分け」となったほうが禍根を残さないので、長期的には日本の国益に適うことになる。竹島をめぐる交渉についても、古典相撲の知恵を生かすことを考えるべきだ。

私は竹島問題に関する取材で隠岐の島町を2回訪れたことがある。離島での生活は厳しいが、まさに島の人々がここで生活することが日本の国境を守っているのだと実感した。古典相撲も島の人々の共同体に対する愛から生まれている。

〈古典（相撲）は力士個人のものではなく、すぐれて地域で関わるものなのである。「相撲は取るものではなく、取らせてもらうもの」〉（②44頁）という記述に感銘を受けた。新自由主義的な弱肉強食の競争とは異なる地域共同体を強化する競争を、隠岐の島町の古典相撲から学ぶことができる。このような共同体を強化することが真の愛国心を育み、日本国家を強化することにつながるのだ。

40 真実の「国体」とは

――個人でも国家でもない中間的な団体のネットワークが重要だ

『日本国家の神髄――禁書「国体の本義」を読み解く』

佐藤優　産経新聞出版／２００９年

戦前に文部省から刊行され、戦後ＧＨＱによって「禁書」とされた『国体の本義』を現代の視点から読み解いた１冊。現在の国際情勢にも照らし合わせ、日本国家と日本人が今後進むべき道と生き残る知恵を導き出す。

『菊と刀――日本文化の型』

ルース・ベネディクト／著　長谷川松治／訳　講談社学術文庫／２００５年

第二次世界大戦中の米国戦時情報局による日本研究をもとに執筆された日本人論。日本人の行動を分析し、優雅さ、殺伐(さつばつ)さ、恥の文化など独自の思考や気質を解明しているが、欧米の優位性を示すなど隔(へだ)たりも多く見られる。

アジアにおいて、日本はタイ（シャム）とともに植民地にならなかった数少ない国家だ。第二次世界大戦の末期にはほぼ全世界を敵に回して戦い敗北した。しかし、奇跡の復興を遂げ、現在はＧ８サミット（主要国首脳会議）のメンバーになっている。Ｇ８中、日本は唯一のアジア国家だ。以下の２冊を通じて日本人について考えてみたい。

①佐藤優『日本国家の神髄——禁書「国体の本義」を読み解く』（産経新聞出版、2009年）

②ルース・ベネディクト／著　長谷川松治／訳『菊と刀——日本文化の型』（講談社学術文庫、2005年）

２０１０年1月11日、東京都内の書店で鳩山由紀夫首相（当時）が28冊の書籍を自費で購入した。そのうちの一冊が①だ。この本は、１９３７年に文部省が刊行した読本『国体の本義』の全文を収録した上で解説している。

辞書で国体という単語を引くと、まず国民体育大会の略語という説明が出ている。しかし、敗戦まで国体は日本国家を成り立たせる根本原理という意味で用いられていた。

〈『国体の本義』は、大東亜戦争敗北後、米占領軍が封印してしまい、忘れられたテ

キストとなってしまっている。『広辞苑』（岩波書店）の説明を見てみよう。『国体の本義』について《一九三七年文部省が発行した国民教化のための出版物。記紀神話にもとづき国体の尊厳、天皇への絶対服従を説き、社会主義・共産主義・民主主義・自由主義を排撃》という説明がなされている。

結論から言うと、「天皇への絶対服従」というのは、不当要約である。また、『国体の本義』において、共産主義に対する忌避反応は強いが、欧米の自由主義、民主主義、社会主義については、その成果を取り入れ、日本的伝統とのからみでどう消化するかという問題意識で一貫している》（①28～29頁）

言い方を換えると、欧米の思想を日本に土着化させることの重要性を『国体の本義』は説いているのである。なぜ欧米の思想が日本人にとって大切なのだろうか。思想は物質に転換しなくては意味がない。欧米思想によって近代的な兵器が開発された。神憑り的な日本精神に固執しているのでは戦艦大和や零戦を作ることはできない。当時、欧米の科学技術を包摂できる日本思想が求められていたのだ。

しかし、米占領軍は『国体の本義』の問題意識を理解しようとしなかった。そして、アドルフ・ヒトラーの『わが闘争』の日本版というレッテルを貼り封印した。

また、米占領軍は従来の日本の思想が誤っていたことを②を用いて宣伝した。

〈日本人は罪の重大さよりも恥の重大さに重きを置いているのである。

さまざまな文化の人類学的研究において重要なことは、恥を基調とする文化と、罪を基調とする文化とを区別することである。道徳の絶対的標準を説き、良心の啓発を頼みにする社会は、罪の文化（guilt culture）と定義することができる〉（②272頁）

いまだに、「日本人は恥の文化で、罪の意識が稀薄だ」と言う人がいるが、これは大きな間違いだ。罪も恥も人間の普遍的観念で、どの民族も持っている。日本人も「お天道様（てんとさま）が見ているではないか」と言って子供をしつけるが、これはほかの人間が見ていない状況でも天の眼を気にせよという罪の観念に属する話だ。

ほかにも、ルース・ベネディクトは日本人の「まこと心」を、目的の是非を考えず、ただ一生懸命にやっている姿勢だけを評価する異常な思想と考える。この評価も「まこと心」の内在的論理を理解しようとしない偏見に基づいている。日本人に伝統的価値観を放棄させる過程で『菊と刀』の果たした役割を軽視してはならない。

日本人を骨抜きにしようとした米占領軍の政策を見抜き、真実の国体を明らかにしなくてはならないのである。

〈国体の明徴は、排外主義によっては実現されない。西欧近代文化の顕著な特色である《実証性を基とする自然科学及びその結果たる物質文化》を《我が国は益々これらの諸学を輸入して、文化の向上、国家の発展を期せねばならぬ》。これこそが、真実の国体明徴だ。日本民族の優越性を観念的に説くだけでは、帝国主義的国際社会で日本が生き残ることはできない〉（①285頁）

国体は家族、村落共同体などのネットワークによるものと観念されていた。日本国家をほんとうに強くするためには、ひとりひとりの国民が自分の家庭、会社、学校、宗教団体、趣味のグループなど、個人でも国家でもない中間的な団体を強化することが重要だ。

中間団体が強くなり、その横のネットワークが広がり、社会が強化されることによって日本国家も強化されるのである。

今、現実的に日本国家を強化する努力を怠る（おこたる）と、国際社会で日本人が生き残れなくなる危険性がある。

第三章　世界情勢がわかる書棚

41 新自由主義の欠陥

――世界的規模で貧困問題をもたらした「悪魔のシステム」の正体

『資本主義はなぜ自壊したのか――「日本」再生への提言』

中谷巌　集英社文庫／2011年

「構造改革」の急先鋒と言われていた経済学者が、新自由主義や市場原理主義からの決別を表明し、これまでの立場を一転させて話題となった「懺悔(ざんげ)の書」。広がる格差や環境破壊の元凶として資本主義を痛烈に批判する。

『タリバン』

アハメド・ラシッド／著　坂井定雄、伊藤力司／訳　講談社／2000年

20年以上にわたって取材を続けてきたジャーナリストが解き明かすタリバンの謎。CIAと巨大石油資本の策謀、ロシア、イラン、パキスタンの思惑と駆け引きなど、国際政治のミステリーを解く鍵がここにある。

2009年は政治、経済、外交のすべてにおいて不安を抱えた年になる。2008年9月のリーマン・ブラザーズの破綻を契機とする世界不況は、通常の景気変動とは異なり、資本主義体制の危機を示すものだと考えるからだ。その点で、**①中谷巌『資本主義はなぜ自壊したのか――「日本」再生への提言』（集英社文庫、2011年）**の分析を私は支持する。中谷氏は、竹中平蔵氏（元経済財政政策担当相）とともに日本に新自由主義的改革を導入する旗振り役となった学者だ。

中谷氏は、**〈本書は筆者自身の「懺悔の書」であると同時に、グローバル資本主義や市場原理が本質的に個人と個人のつながりや絆を破壊し、社会的価値の破壊をもたらす「悪魔のシステム」であることを筆者なりに解明していくことを目的にしている〉**（①32頁）と述べる。

そして、グローバル資本主義（新自由主義）の欠陥が次の3つの分野で顕著に現れているという。

〈一、世界金融経済の大きな不安定要素となる。

二、格差拡大を生む「格差拡大機能」を内包し、その結果、健全な「中流階層の消失」という社会の二極化現象を産み出す。

〈三、地球環境汚染を加速させ、グローバルな食品汚染の連鎖の遠因となっている〉

（①18頁）

投資信託に預けていたカネが半分に目減りするのも、派遣・契約労働者が大量解雇されるのも、中国産毒入り餃子が売られるのも、グローバル資本主義という「悪魔のシステム」から生じていることがこの本を読むとよくわかる。

グローバル資本主義は、世界的規模で貧困問題をもたらした。特に中東、アフリカ、アフガニスタン、パキスタンの状況が深刻だ。かつては豊かな資本主義国に対する異議申し立ては共産主義運動が行なった。しかし、ソ連崩壊後、共産主義の影響は著しく小さくなり、その代わりにイスラム原理主義過激派の運動が台頭してきた。特にアルカイダとタリバンは手を握り、世界に単一のイスラム帝国を建設しようとしている。

2001年9月11日の米国同時多発テロは、米国を敵にしているのみならず日本を含む全先進国の国家体制を破壊しようとする運動だ。日本ではあまり報じられていないが、アフガニスタンでは再びタリバンが力を伸ばしている。そのため、米国のオバマ次期大統領（当時）がアフガニスタンにおけるテロとの戦いを強化すると述べているのだ。

２００８年11月にインドのムンバイで発生した同時多発テロもアフガニスタン情勢に連動しかねない。ムンバイのテロにはパキスタンのイスラム原理主義勢力が関与していると見られている。パキスタン政府は弱体化しており、テロリストを取り締まることができない。タリバンは、アフガニスタンとパキスタンにまたがって居住するパシュトゥン人を中心とする勢力だ。パキスタンの国内情勢が不安定になると、アフガニスタンとパキスタンにまたがるイスラム原理主義国家が生まれるかもしれない。

アフガニスタンは２００９年に最も注目しなくてはならない地域だが、情勢を理解するための文献が少ない。９・11以前の本だが、**②アハメド・ラシッド／著　坂井定雄、伊藤力司／訳『タリバン』**（講談社、２０００年）が今でも一番よい本だ。東西冷戦時代、米国はタリバンやアルカイダをアフガニスタンでソ連と戦うための味方と考え、イスラム原理主義の危険性を過小評価していた。そのツケが９・11につながる。

〈米国は今、九二年から九六年にかけてアフガニスタンを無視した代償を支払ってい

る。この間タリバンは、冷戦後の世界が直面する、最も敵対的で最も戦闘的なイスラム原理主義運動に聖域を提供していたのである。アフガニスタンは今、まさにイスラム国際主義とイスラム・テロリズムの天国であり、米国と西側はこれにどう対処すべきか混迷している〉（②258頁）

ラシッド氏の指摘は的確だ。専門家が9・11の前にこれだけタリバンやアルカイダの危険性に警鐘を鳴らしていても、国家はなかなか耳を傾けない。社会（国民）の側から本気で働きかけないと国家は動かない。

日本の閉塞状況を打破するためには、国家に頼るのではなく、社会の力を強化して社会の力で国家を動かしていくことが重要だ。中谷氏は、〈社会が本当の意味で安定するには、金銭的な意味での安心に加えて、人々が何らかの精神的よりどころとなるような「社会的つながり」を実感することが必要だ。言い換えるならば、「自分は社会に必要とされている」という感覚である〉（①334～335頁）と述べるが、私も全面的に賛成だ。

42 「恐慌」と「戦争」

――アメリカにとって戦争は公共事業の一種である

『恐慌前夜――アメリカと心中する日本経済』

副島隆彦　祥伝社／２００８年

農林中金5・5兆円、三菱東京ＵＦＪ銀行3・3兆円――日本の金融機関は、サブプライムローン問題で揺れるアメリカ2大住宅公社の不良債権を巨額に買い込んでいた。アメリカの金融危機が日本に飛び火する「恐慌」の予測。

『帝国主義』

レーニン／著　宇高基輔／訳　岩波文庫／１９５６年

20世紀初頭に書かれたレーニンの代表作。金融資本と金融寡頭制、資本の輸出、寄生制と資本主義の腐朽化、列強諸国による世界の分割などの問題が豊富な資料に基づき語られる。現代の世界情勢を把握するために役立つ。

ついこの前まで恐慌という言葉は死語になっていた。不況が続くことはあっても、恐慌がやってくることはないとエコノミストたちは高をくくっていた。

しかし、2008年9月の米大手証券リーマン・ブラザーズの破綻以降、新聞やテレビでも恐慌という言葉をよく目にするようになった。

①副島隆彦『恐慌前夜――アメリカと心中する日本経済』（祥伝社、2008年）と、②レーニン／著　宇高基輔／訳『帝国主義』（岩波文庫、1956年）を読むと、国際社会の中で日本が置かれている状況がよく見えてくる。

私は副島氏と何度か対談をしたことがある。副島氏には他の人に見えない「何か」を見抜く天才的洞察力がある。実に興味深い人物だ。インテリジェンス（諜報）機関の分析専門家に副島氏のような洞察力を持つ人がときどきいる。

リーマン・ブラザーズの破綻についても、副島氏は事前にこう予測した。

〈（引用者注・最近の株価低落について）ことの始まりは、7月に入って米大手証券のリーマン・ブラザーズが「GSE（住宅公社）は、会計基準が厳格化されれば750億ドル（8兆円）の増資が必要だ」と記したリポートを発表したからだ。このリーマン自身の破綻の日も近い。人（他人）のことを評論（分析）している暇はない〉（①34頁）

現実に副島氏の予測どおりになり、リーマン・ブラザーズの分析専門家たちも会社が倒産して失業者になった。

副島氏は、難しいことを水準を落とさずにやさしく言い換える才能をもっている。例えば、〈**すべての複雑な金融商品（デリバティブ）は実は保険商品だ**〉（①84頁）と喝破（かっぱ）している。保険とは、将来に備えて毎月、少額の保険金を掛けるが、いざ事故が起きたり病気になったりしたら多額のカネが入る。

これを応用したのが金融商品で、〈**将来（近未来）の不確実性を、リスク商品に置き換えることで、そしてそれを売り買いすることで、利益が生まれるという思想**〉（①88頁）に基づいている。しかし、この思想がインチキ宗教のように実にいい加減なのだ。

そもそも、アメリカの銀行は絶対に返済できない人にカネを貸し付けている。それを元に組み立てられた金融商品がインチキなのは決まっている。しかし、金融工学のプロと称する詐欺師たちが偏微分方程式などの高等数学を用いて説明すると、ウソがホントのように思えてしまうのだ。

金融資本の影響が極端に強まるところに帝国主義の特徴があるとレーニンは指

摘する。〈金利生活者の収入が、世界最大の「貿易」国の外国貿易からの収入を五倍も、うわまわっているのだ！　これが、帝国主義と帝国主義的寄生性の本質である。／だから、「金利生活者国家」（Rentnerstaat）とか、高利貸国家とかいう概念が、帝国主義にかんする経済学的諸文献のなかで一般に使用されるようになっている。世界はひとにぎりの高利貸国家とおどろくほど多数の債務者国家とに分裂した〉（②163〜164頁）という指摘をレーニンが行なったのは1916年のことだ。本質的状況は現在も変わっていない。

今回の事態は、高利貸国家であるアメリカが欲張りすぎて、利子を取り立てることができない人にカネを貸し付け、その尻ぬぐいを日本を含む世界全体にやらせようとしているということだ。アメリカの汚い糞がついた尻をふくために、日本が数十兆円（つまり、国民ひとり当たり数十万円）を支払わされることになるのではないかと私は恐れている。

ところで、恐慌を回避するために有効な手段は戦争だ。第二次世界大戦による大規模な破壊と消費が、その後、世界経済が恐慌を回避することができた原因だということで経済史専門家の見解はほぼ一致していると思う。アメリカには、

「戦争は公共事業の一種」くらいの乱暴な発想がある。

副島氏は、**〈10年以内の近い将来、おそらく中東（ミドル・イースト）で核兵器が1発か2発、破裂するだろう。この事態はある意味では避けられないものだ。人類というのはそれぐらい愚かな生き物である。そしてサウジアラビアで、今のサウド王家の打倒を目的とするイスラム原理主義革命が勃発するだろう〉**（①210頁）と予測している。

副島氏の予測は、現在、世界のインテリジェンス専門家が恐れるシナリオである。中東での戦争や内乱は、第三次世界大戦に発展する危険性がある。

リーマン・ブラザーズの破綻以後、世界は保険主義に傾きつつある。保険主義が戦争を引き起こすことがないように、日本の国家戦略を真剣に考えなくてはならない。

43 オバマ大統領の戦略

――大統領が国民を束ねようとすると、大きな災いがもたらされる

『オバマ演説集』
「CNN English Express」編集部／編　朝日出版社／2008年

世界中を熱狂させた名スピーチ「基調演説」と「勝利演説」が収録された演説集。オバマ年表やガイドをかねた「オバマ流スピーチのひみつを探る」など、オバマという人物像を多方面から浮き彫りにする。音声CDつき。

『大統領の陰謀』
ボブ・ウッドワード、カール・バーンスタイン／著　常盤新平／訳　文春文庫／2005年

ワシントン・ポストの若手記者が、徹底的に取材しウォーターゲート事件の大スキャンダルを白日のもとにさらそうと奮闘。ニクソン大統領を追いつめる300日を描く。探偵小説のようにスリリングなノンフィクション。

経済危機で弱っているとはいっても、アメリカは飛び抜けて強い国家だ。ＥＵ（欧州連合）、ロシア、中国と日本が連合軍をつくってアメリカに挑んでも、勝つことはできない。アメリカの力を過小評価するとひどい目に遭う。

２００９年1月20日にバラク・オバマ氏が第44代アメリカ合衆国大統領に就任する。オバマ大統領は、アメリカだけでなく、日本、中国、ロシア、サウジアラビアを含む全世界の大統領でもある。オバマ大統領の方針が各国の内外政、経済に影響を与えるのだ。

本項では、①『CNN English Express』編集部／編『オバマ演説集』（朝日出版社、2008年）、②ボブ・ウッドワード、カール・バーンスタイン／著　常盤新平／訳『大統領の陰謀』（文春文庫、2005年）を題材に大統領について考える。

オバマ大統領は、現時点（２００９年当時）で明確な戦略を定めているわけではない。おそらく今後、半年くらいは情報収集と調査を重視し、それから具体的な戦略を組み立てることになる。国民を束ねていくところにオバマ新政権の特徴がある。

２００８年11月4日、大統領選挙に当選した直後の勝利演説でオバマ氏はこう述べた。

〈老いも若きも、金持ちも貧乏人も、民主党員も共和党員も、黒人も白人もヒスパニックもアジア系もアメリカ先住民も、ゲイもストレートも、障害者も健常者も含めた、みんなです——アメリカ人みんなで世界に向けてメッセージを発したのです。われわれは単なる個人の寄せ集めだったこともなければ、赤い（共和党支持の）州と青い（民主党支持の）州の単なる寄せ集めだったこともないのだと。われわれは今も、そしてこれから先もずっと、アメリカ合衆国なのです〉（①75頁）

これまでアメリカで展開されていた新自由主義政策は、個人や個別企業を単位に考え、「競争で勝って金儲けをした者が正しい」という思想に基づいていた。このような思想がアメリカを弱体化させたとオバマ氏は考える。そして、国民を束ねてアメリカ国家を強化しようとする。もっとも、この国民を束ねる傾向がいきすぎるとファシズムになるので要注意だ。

アメリカ大統領が権力を濫用（らんよう）すると、どのようなことになるかは「ウォーターゲート事件」がよく示している。1972年6月17日、ワシントンのウォーターゲート・ビルに入居している民主党全国委員会に侵入したカメラと盗聴装置を持った5人の男が逮捕された。当時は、共和党のリチャード・ニクソン氏が大統領を務めていた。

『ワシントン・ポスト』紙の2人の若手記者ボブ・ウッドワード氏とカール・バーンスタイン氏が徹底した調査報道で、大統領側近の指令によりCIA（米中央情報局）がウォーターゲート事件を引き起こしたことを明らかにする。調査報道の鍵を握ったのは、ウッドワード氏が開拓した情報源で、ポルノ映画の題名から〝ディープ・スロート〟と名づけられていた。

接触の仕方もスパイ小説のようで面白い。ウッドワード氏から会いたい時はアパートのバルコニーの赤旗をさした花瓶を奥に移動する。そうすると前もって決めてある地下駐車場で午前2時に接触する。ディープ・スロートが出てこられない時は、駐車場の棚に置き手紙をする。ある時、置き手紙で場末の酒場が指示されていた。ここで、ディープ・スロートはこう言った。

〈「ニクソンはたけり狂ってどなりちらした。『もう我慢できない。われわれがやめさせるんだ。どんなに金がかかろうとかまわない』。彼の考え方は、ニュース・メディアが暴走しているから、その傾向に歯止めをかけなければいけないということだ。（中略）彼にとって、問題は政府の安泰と素朴な忠誠心につきる。彼の考え方によれば、新聞は彼を狙っているから、したがって不忠である。新聞に情報を流す人間はもっと悪い——獅子身中の虫みたいな存在だ」〉（②417頁）

ディープ・スロートは怯（おび）えずに情報を流し続け、ニクソン政権は崩壊した。2005年になって、ウォーターゲート事件当時のマーク・フェルトFBI（米連邦捜査局）副長官が、雑誌インタビューでウッドワード記者に、自分が情報を提供したディープ・スロートだったと告白した。

ニクソン大統領は、米ソ、米中の関係改善を図った。これを面白く思わない反共の牙城（がじょう）であるFBIの官僚が大統領の権威失墜を狙って情報漏洩（ろうえい）を行なった可能性もあると私は考える。

いずれにせよ、アメリカ大統領が権力を濫用すると大きな災いがもたらされることになる。オバマ大統領は絶対平和主義者（パシフィスト）ではない。国家主義的傾向を強めるアメリカが、国民を動員し、経済を活性化するために戦争に訴える危険性があることをわれわれは常に意識しておく必要がある。

44 数字で読み解く「グリーン革命」

――革命の過程で米国がファッショ国家に変貌していく危険

『グリーン革命――温暖化、フラット化、人口過密化する世界』（上・下巻）

トーマス・フリードマン／著　伏見威蕃／訳　日本経済新聞出版社／2009年

地球温暖化と世界各国の急激なミドルクラス勃興（ぼっこう）、急速な人口増加などが引き起こすエネルギー価格高騰の時代の恐ろしさとそれに立ち向かう「再生可能エネルギーへの転換」という処方箋。オバマ大統領も絶賛した一冊。

『世界国勢図会2008／09年版』

（財）矢野恒太記念会／編集・発行　2008年

主要国の基礎データから、資源とエネルギー、世界の農林水産業、貿易と国際収支、財政・金融・物価、運輸と郵便など、経済・社会の主要分野から豊富な項目を取り上げて、各国の最新データを収録したデータブック。

オバマ米大統領は環境政策を重視し、グリーン・ニューディール政策を提唱している。この問題に関して、世界的によく読まれているのが、①トーマス・フリードマン／著　伏見威蕃（ふしみいわん）訳『グリーン革命――温暖化、フラット化、人口過密化する世界』（上・下巻、日本経済新聞出版社、2009年）だ。

この種の議論は、数字の根拠が薄弱だと単なる印象論に終わってしまうので、②（財）矢野恒太記念会／編集・発行『世界国勢図会2008／09年版』（2008年）とあわせて読むと理解が深まる。

グリーン革命に関して、驚くべきことに日本は世界の最先端を走っている。米国最高の太陽熱エネルギー会社、ファースト・ソーラー社のマイク・エイハーンCEOの説明が印象的だ。

〈エーハーンは説明する。「二〇〇三年、われわれは最初の生産を開始し、必要な規模の市場を提供してくれる地域を探しはじめた。量産できれば、それだけ効率があがる。当時の日本には、一九九〇年に開始された、住宅を中心とする世界初の太陽エネルギー優遇策があった。経済産業省主導のきわめて統一のとれた政策で、シャープ、京セラ、三洋電機、三菱電機を、グローバルな太陽エネルギー市場のリーダーにするために促進されていた。（中略）日本市場は世界市場をすべて合わせたよりも大きく、当然ながら、海外メーカーを効果的に締め出していた。／そこで、われわれは考えた。拡大し、コストを下げるには、『自分たちの日本が必要だ』と」〉（①下巻・２６０頁）

一見、日本を褒めているような記述だが、日本が官民合同で閉鎖的市場をつくっていると非難しているのだ。この種の「褒め殺し」は要注意だ。

統計集は数字ばかりが並んでわかりにくいと敬遠されがちだが、②はていねいな解説と、日本と他国との比較が出ているのでわかりやすい。中学生でも十分理解できる表現になっているが、水準は高い。国際関係に関心をもつビジネスパーソン、学生にとって本書は強力な武器になる。

グリーン革命が必要となる前提として、エネルギー事情について知っておく必要がある。石油、天然ガス、石炭、原子力、水力、地熱などの一次エネルギーの生産と供給について見てみよう。

〈一次エネルギーの生産は、中国、アメリカ、ロシア、サウジアラビア、インド、カナダの順で多く、上位6か国で世界の51％を占めている。一次エネルギーの生産と供給におけるＯＥＣＤ（引用者注・経済協力開発機構）加盟30か国と非加盟国の比率を比べると、生産が33対67であるのに対して、供給は49対51であり、エネルギーの配分が先進国に偏っていることがみてとれる〉（②162頁）

今後、中国のエネルギー使用量が飛躍的に伸びると予測される。その状況で、日米露欧の間でのエネルギー争奪戦は一層過酷（かこく）になる。グリーン革命という名で、米国はエネルギー争奪戦における圧倒的に強い立場を確保しようとしているのだ。

この危機意識は、２００８年９月のリーマン・ブラザーズ破綻後、一層強まっている。

〈サブプライム・ローンの混乱と住宅危機は、いろいろな意味で、近年のアメリカの変化を暗に示しているといえる。勤勉に働く、事を成し遂げる、説明責任を果たすといったことがしっかり結びついていたのが、ずたずたに切れてしまった〉（①上巻・17頁）

ずたずたに切れ、ばらばらになった米国人をグリーン革命で束ねようとオバマ大統領は考えているのだ。

〈私たちの親の世代は、アメリカの生活様式への脅威を撃退するために総動員された。日本の真珠湾攻撃は全アメリカ国民を激怒させ、国民のすべてが参加する大規模な戦争努力へと結びついた。経済資源と人間の努力のすべてをアメリカは結集して、問題の解決にあたり、勝利を収めるまでそれをつづけた（中略）。

真のクリーンエネルギー・システムを世に送り出すには、おなじような総動員が必要だ——ただ、起きてしまった真珠湾攻撃に対応するのではなく、かならず起きると思っているそういう緊急事態を防ぐためにやらなければならない〉（①下巻・284頁）

ファシズムの語源になったファシオはイタリア語で、「束ねる」という意味だ。グリーン革命という口実で、オバマ政権が国民を動員する際に真珠湾攻撃のイメージが使われる危険性がある。また、「環境先進国」である日本に対して大きな負担がかかる国際貢献を米国が求めてくるかもしれない。

グリーン革命の過程で米国がファッショ国家に変貌していく危険を認識し、日本の国益を擁護する方策について、今から真剣に考えておく必要がある。

45 アメリカを結束させているもの

――米国の強さは、未来に向けて国民を動員する「物語」をつくれるところ

『宗教からよむ「アメリカ」』

森孝一　講談社選書メチエ／1996年

さまざまな信仰がせめぎあう国、アメリカ。超大国の統一を実現する「見えざる国教」の成立を歴史的に辿る（など）と同時に各宗教や社会との関わりをひもとく。日本の宗教や精神的基盤への問いをおのずと投げかけられる1冊。

『アメリカのデモクラシー』（全4冊）

トクヴィル／著　松本礼二／訳　岩波文庫／2005・2008年

19世紀フランスの政治思想家である著者が、アメリカ社会全般の具体的な分析を通して、広い視野で近代デモクラシーを論じた古典的名著。第1巻の最後は、後世の米ソ対立を予言する文章で締めくくられている。

7月4日は米国（アメリカ合衆国）の独立記念日だ。日本国家ならば、日本人と日本の伝統と文化によって自然にできあがった国家であるという感じがする。これに対して、米国は「われわれがアメリカ人だ」という思想によって結束した国家だ。

この機会に米国を形づくる思想について、次の2冊を手がかりに考えてみよう。

①森孝一『宗教からよむ「アメリカ」』（講談社選書メチエ、1996年）
②トクヴィル／著　松本礼二／訳『アメリカのデモクラシー』（第1巻〈上・下〉、第2巻〈上・下〉岩波文庫、2005・2008年）

バラク・オバマ現大統領を含め、米国の歴代大統領は演説で神（God）という言葉をよく出すが、キリスト（Christ）について言及することはまずない。神ということであれば、キリスト教徒のみならず、ユダヤ教徒も包括することができるからだ。

米国の宗教社会学者ロバート・ベラは、アメリカの国家と国民にアイデンティティを与える原理を「市民宗教（civil religion）」と名づけた。これを同志社大学神学部の森孝一教授は「見えざる国教」と呼んでいる。市民宗教といわれても日本人にはピンとこないが、「見えざる国教」となるとなんとなく雰囲気がわかる。あるいは、国家を成り立たせる基本原理なので、日本の伝統的な言葉を用いるならば「國體（国体）」と言い換えることもできる。

〈それでは、アメリカの場合、この「見えざる国教」とはどのようなものなのか。それはきわめてキリスト教に近いものであるが、キリスト教そのものではない。（中略）

「アメリカの見えざる国教」はカトリック、プロテスタント、そしてユダヤ教徒にも受け入れられる宗教である。もし「イエス・キリスト」について語られたなら、イエスを「キリスト」（救い主）であると信じないユダヤ教徒は排除されることになる。「アメリカの見えざる国教」は排除するための宗教ではなく、一定の枠組みのなかに多様なものを含み込むための宗教なのである〉（①38頁）

米国の「見えざる国教」とは、国家と国民を包み込む器なのである。このような米国の宗教の特殊性について、今から170年くらい前にフランスの政治思想家アレクシス・ド・トクヴィルはこう指摘した。

〈合衆国ほどキリスト教が儀礼や勤行、聖像で飾られていない国、それでいて、キリスト教がこれほど真摯にして単純で普遍的な観念を人間精神に提示している国を、私は他に見たことがない。アメリカのキリスト教徒は無数の教派に分裂しているにもかかわらず、誰もが自分の信ずる宗教を同じ目で見ている〉（②第2巻〈上〉56頁）

米国を理解するためには、このようなあいまいな「見えざる国教」に関する理解が不可欠だ。

２００８年９月のリーマン・ショック以降、米国の力が弱くなっていることは間違いない。それでも、現在の世界で、ロシア、中国、ヨーロッパ諸国、アラブ諸国など米国以外のすべての国々が束になって米国と戦争をするとしても、米国を打ち負かすことはできない。それくらい米国の軍事力は突出しているのだ。

〈アメリカを統合しているもの、それは「未来についての共通の意志」である。いいかえれば、「信念」であり「理想」である。それは現実あるいは事実として、「理解」できるものではなく「信じる」ものである。ただ、自分ひとりで信じるのではなく、「共に信じる」ものである。

「共に信じる」ものにむかってアメリカが進んで行くとき、国家としてのアメリカの存在の意味がはじめて明らかになる。多民族国家であるアメリカに生活する人びとが、「過去と結びついた生存感覚」（エスニシティ）を基盤として生きるのではなく、それぞれのエスニシティを大切にしながらも、アメリカにとっての「未来についての共通の意志」を自分自身の意志として生きはじめるときに、その人は「アメリカ人」となるのであろう〉（①57〜58頁）

オバマ大統領は、これまでの白人中産階級でキリスト教徒、ユダヤ教徒という枠にとらわれていた「見えざる国教」に黒人、イスラムの要素を加え、米国人の「未来についての共通の意志」を強化しようとしている。米国の強さは、このように未来に向けて国民を動員する「物語」をつくるところにある。

このような「物語」を強化するために、いちばん効果的なのが戦争だ。米国にとって、戦争は公共事業としての要素もある。オバマ政権が米国国家体制を強化するために、近未来にアフガニスタンで戦争を引き起こすことを私はとても危惧（きぐ）している。

46 「9・11」がわかる本

――同時多発テロの原因は、サウジアラビアの「お家騒動」

『オサマ・ビン・ラディン発言』

ブルース・ローレンス／編　鈴木主税、中島由華／訳　河出書房新社／2006年

「9・11」の首謀者といわれるオサマ・ビン・ラディン。彼の1994年から2004年までの約10年間の声明、インタビューなどを集成。報道では伝えきれなかった、彼が持つ思想や世界観が浮き彫りにされた1冊。

『カーブボール――スパイと、嘘と、戦争を起こしたペテン師』

ボブ・ドローギン／著　田村源二／訳　産経新聞出版／2008年

「なぜアメリカはイラクに大量破壊兵器があると誤認したのか」をテーマに、『ロサンゼルス・タイムズ』紙の敏腕記者が徹底的に取材を進める。なぜ嘘の情報が成長し、国を戦争に動かすまでになったかが明らかになる。

2001年9月11日の米国同時多発テロ事件から12年が経った。当時のブッシュ米政権は、テロを根絶するという名目でアフガニスタンとイラクで戦端を開いた。しかし、戦争は泥沼化し、米国はイスラーム世界における信用を急速に失った。あのテロ事件について正確な理解をしておくことが、国際情勢を見る上で不可欠だ。

2回にわたって、この問題を取り上げたい。

以下の2冊を手がかりに、同時多発テロに影響を与えたイスラム原理主義の要因とCIA（米中央情報局）が判断を誤った原因について検討する。

①ブルース・ローレンス／編　鈴木主税、中島由華／訳『オサマ・ビン・ラディン発言』（河出書房新社、2006年）

②ボブ・ドローギン／著　田村源二／訳『カーブボール――スパイと、嘘と、戦争を起こしたペテン師』（産経新聞出版、2008年）

同時多発テロの原因は、サウジアラビアの「お家騒動」であると私は考える。サウジは、イスラーム原理主義のワッハーブ派を国教にする。ワッハーブ派は、地上はアッラー（イスラーム教の神）に服従する単一の帝国になるべきで、そこはひとりの皇帝（カリフ）によって独裁的に統治されるべきと主張する。

もっとも、サウジ王家の外交は現実的で、そのような国際秩序に緊張をもたらすような政策をとらない。建て前としてはイスラーム原理主義を強調するが、実際には米国と手を握り、石油の安定供給によって王族の生活の安定を図っている。イエメン系のサウジ人であるオサマ・ビン・ラディンは、米国と手を握り、腐敗した生活を送るサウジ王家を打倒し、自らが皇帝になろうとしている。本気で世界に単一イスラーム帝国を建設しようとしているのだ。そのためには、腐敗し、偽りのイスラーム原理主義を唱えるサウジ王家を軍事的、経済的に打倒しなくてはならない。

９・11同時多発テロから約１ヵ月後の２００１年10月７日、米国はアフガニスタンに対して本格的な空爆を行なったが、その直後にカタールの衛星テレビ「アル・ジャジーラ（半島）」で、オサマ・ビン・ラディンのビデオが放映された。

〈アッラーはアメリカの弱点を攻撃し、その大建築物を破壊したもうた。アッラーに称賛と祝福あれ。アメリカは北から南まで、東から西まで恐怖に包まれた。アッラーに称賛と祝福あれ。今日にアメリカが舐めているのは、われらが何十年にもわたって舐めてきた辛酸のほんの一片である。この八〇年以上というもの、〈ウンマ〉（引用者注・イスラーム教共同体）はこの屈辱、恥辱に耐えてきた。息子を殺され、血を流され、聖地を冒瀆（ぼうとく）され、そのやり口はアッラーの啓示に反しているが、それについて耳を傾けたり、反応したりする者はいなかった。そこで、全能のアッラーはイスラムの前衛部隊の一つに成功を許し、アメリカを完全に破壊するための道を開いてくださった〉（①159頁）

オサマ・ビン・ラディンを中心とするアルカイダの目標が米国の完全破壊であることが明らかになった。

アフガニスタンのタリバン政権は確かにアルカイダと盟友関係にあった。ただし、ブッシュ米政権は、アルカイダと本来敵対していたイラクのサダム・フセイン政権をあわせて叩く。イラクからドイツに亡命した「カーブボール」という組織名をつけられた青年の偽情報に振り回され、イラクに毒ガスがあると米国は本気で信じてしまったのだ。戦争が始まってしばらくした後、米国は真実を知る。

〈〈カーブボール〉の大学時代の親友は「（彼は）生まれつきの嘘つき」と言った。幼馴染みたちも、「大嘘つき」とか、だましの手口をたえず考えている取り入り上手の「ペテン師」とか言った。こうした感想は「だれもが持っているようだった」と生物兵器班は報告書で指摘した。「〈カーブボール〉はたいした『嘘つきネズミ』だったと、みなロをそろえる」

〈カーブボール〉の元同僚のなかには、彼がサダムの秘密兵器計画のひとつを任されていた可能性があるとアメリカ人が考えているのを知って、大笑いした者たちもいた〉（②434～435頁）

一部に、米国がイラクに大量破壊兵器（核兵器、弾道ミサイル、生物・化学兵器など）がないことを知りつつあえて攻撃したという見方があるが、②を読めば、その見方が成り立たないことがわかる。米国はほんとうに誤認したのだ。

2003年2月14日、アル・ジャジーラは、〈地上の至るところでアメリカ人とユダヤ人を標的にすることは、全能のアッラーのおそばに近づくための最大の義務、最良の道の一つと心得てもらいたい〉（①293頁）というオサマ・ビン・ラディンのビデオを流した。事実、アルカイダはこの路線で策動を続けている。

（筆者追記・2011年5月2日、パキスタンに潜伏していたオサマ・ビン・ラディンは、米軍によって殺害された）

47 「9・11」が遺したもの

――市場競争で世界を覆い尽すという思想から脱却すべきだ

『イスラームはなぜ敵とされたのか――憎悪の系譜学』

臼杵陽　青土社／2009年

世界中に拡大するにいたった、イスラームへの迫害。中東紛争以前の反ユダヤ主義から現在まで続く暴力の連鎖。中東地域の専門家が、膨大な資料をもとに、歴史、思想、政治などあらゆる側面から徹底的に解明する。

『墜ちてゆく男』

ドン・デリーロ／著　上岡伸雄／訳　新潮社／2009年

女好きでポーカー狂のエリートビジネスマンはWTC（世界貿易センター）でテロに遭遇し、人生が一変する。「9・11」の直後にグラウンド・ゼロに訪れたという、現代アメリカを代表する作家ドン・デリーロが描く9・11を取り巻く人々の物語。

9・11米国同時多発テロ事件は、その後の米国、イスラーム世界、そして国際秩序にどのような影響を与えたのであろうか。以下の2冊を手がかりに考えてみたい。

①臼杵陽『イスラームはなぜ敵とされたのか――憎悪の系譜学』（青土社、2009年）

②ドン・デリーロ／著　上岡伸雄／訳『墜ちてゆく男』（新潮社、2009年）

1991年12月のソ連崩壊で冷戦は完全に終結した。その後、「冷戦後の時代」が始まった。国際社会は共通の価値観によって結ばれ、協力と協調の時代が始まるかのごとく見えた。しかし、それが幻想であることが9・11事件で明らかになった。この事件をきっかけに「ポスト冷戦後の時代」が始まったといえよう。

臼杵陽氏は新しい時代の国際関係の特徴についてこう述べる。

〈二〇〇一年の九・一一事件勃発以降、アメリカによる「対テロ戦争」の名の下に、欧米社会におけるイスラームに対する嫌悪感はさまざまなヴァリエーションを伴って表現されてきた。事件後、欧米社会に居住するムスリム移民、とりわけアラブ系ムスリム市民へのヘイト・クライム（人種差別など憎悪・敵意に基づく犯罪）、あるいは直接的な暴力行為の続発などがその典型であった。
アメリカ化といってもいいグローバリゼーションの流れの中で、世界各地のムスリムたちの宗教的な覚醒が排他的・排外的なナショナリズムのかたちを取りながら、よりいっそう先鋭化する（以下略）〉（①34頁）

米国とイスラーム世界の間で、憎悪の連鎖が始まったのである。もっとも、米国が推進してきたグローバリゼーションは、市場競争という普遍的な原理で世界を覆い尽くしてしまおうという思想に基づいている。

一方で、イスラーム原理主義も、アッラー（神）の意志を体現した唯一のカリフ（イスラーム）帝国によって世界を覆い尽くしてしまおうとする普遍主義に基づく。

市場原理主義とイスラーム原理主義というふたつの普遍主義的イデオロギー（思想）の覇権闘争が展開されているのだ。米国では文学の世界においてもイスラームが不気味な宗教として描かれている。以下の文章も読んでみよう。

〈彼らはコーランの剣の節を読んだ。強い意志に貫かれ、心をひとつにしようとしていた。一緒にいる者たち以外はすべて捨てよ。互いの流れる血になれ。

ときにはアパートの部屋の外に靴が十足、十一足並んでいることもあった。ここは信奉者たちの家——彼らはアパートをそう呼んでいた。ダール・アル・アンサール。それが彼らだった——預言者を信奉する者たち。

顎鬚（あごひげ）は刈り込んだ方が見た目がよい。しかし、今では掟があり、彼はそれに従う決意だった。彼の人生には体系と言えるものがあり、物事がはっきりと区分けされていた。自分は彼らの一員になりつつある。彼らのような外見と、彼らのような思考回路を身につけつつある。これは聖戦（ジハード）と切り離せない〉（②111頁）

これまで世俗的な生活をし、穏健（おんけん）な思想の持ち主であった青年がイスラーム原理主義に触れた結果、不気味なテロリストに変貌していく様子が描かれている。そして、『墜ちてゆく男』は、9・11事件について、それ以降、米国が世界の嫌われ者になっていることもきちんと描いている。しかし、この本を読んでムスリム（イスラーム教徒）に対する好感を強める読者はいないと思う。

これから重要なのは、自由、民主主義、あるいは市場経済という普遍的原理を世界に押しつけるのではなく、それぞれの国家、地域がお互いに完結した文化を維持し、棲（す）み分けていくことだ。そのためには地域研究にもっと力を入れる必要がある。学術の側から、知的刺激を与えて、イスラームと先進諸国の軋轢を解消するために努力すべきである。そこで臼杵氏の仕事が重要になってくる。臼杵氏は米国のイスラーム研究の限界についてこう述べる。

〈イスラームは近代に適応できなかったという前提で現代中東を読み解いていくと、かつて封建遺制を取り除くために「文明化の使命」は必要であると唱えた研究者たちとまったく変わらなくなってしまう。アメリカはその過大なミッションのために同じような過ちを再度犯しているのである〉（①204頁）

歴史は、原始共産制―奴隷制―封建制―資本主義―社会主義という方向で発展するという唯物史観から離れなくてはならない。ソ連が崩壊してからもう20年以上が過ぎた。それにもかかわらず、依然として唯物史観を信奉している。この呪縛から解放されなくてはならない。

そのために重要なことは、それぞれの地域が生き残り発展するための内在的論理を正確につかむことだと思う。

48 パールハーバーの教訓
――真珠湾奇襲でできあがった二項対立図式は、今も生きている

『アメリカは忘れない――記憶のなかのパールハーバー』
エミリー・S・ローゼンバーグ／著　飯倉章／訳　法政大学出版局／2007年
現代のメディアを通して「パールハーバー」という言葉がどのようなイメージとストーリーを生んだのか。近年の歴史学で議論される〝記憶／歴史的記憶〟の概念を用いながら、アメリカの歴史と文化を読み解く。

『ウェルカム　トゥ　パールハーバー』（上・下巻）
西木正明　角川文庫／2011年
ドイツの猛攻にさらされたイギリスは、当時中立だったアメリカを参戦させるべく画策する。それを阻止すべく、日本は諜報スペシャリストをアメリカに送り込む。真珠湾攻撃の真の首謀者をあぶり出すスリリングな小説。

1941年12月8日の真珠湾奇襲。これまで、「なぜ日本軍は真珠湾を攻撃したのか」をめぐる米国の陰謀説など、さまざまな議論がなされてきた。

本項では真珠湾奇襲が米国人の心理に対して与えた影響という側面にスポットを当てる。真珠湾を経てアメリカが確立した、現在のテロとの戦いにもつながる〝ある図式〟とは――。

米国のナショナリズムには空恐ろしいものがある。米国にはヨーロッパやアジアの戦争には関与しないという孤立主義の伝統があった。それが1941年12月7日（現地時間。日本時間8日）、日本海軍がハワイの真珠湾（パールハーバー）を奇襲した瞬間に激変する。

以下の2冊を手がかりに真珠湾奇襲の歴史的意義について考えてみたい。

①エミリー・S・ローゼンバーグ／著　飯倉章／訳『アメリカは忘れない――記憶のなかのパールハーバー』（法政大学出版局、2007年）

②西木正明『ウェルカム　トゥ　パールハーバー』（上・下巻　角川文庫　2011年）

真珠湾奇襲がなければ、米国が第二次世界大戦に参戦することもなかったであろう。

しかし同時に、このような大打撃を受ける隙をなぜ日本に与えたのかと、ルーズベルト大統領の責任を問う声も高まったのである。

〈日本の、「恥知らずな蛮行」と「背信行為」に直面してアメリカは団結しなければならないというメッセージは、たしかに戦時中にはもっとも有力なものであったが、もうひとつの別のメッセージとも優位を競い合った。フランクリン・ローズヴェルトは、アメリカでとても愛された大統領のひとりであった――そしてまた、とても激しく嫌われた大統領のひとりでもあった。心底ローズヴェルトを嫌う人びとは、一二月七日を「欺瞞」の日へと押し上げた。そのとき彼らは、ホワイトハウスが欺瞞に満ちていたと証明することにたいへんな関心をもっていた。

開戦演説でローズヴェルトは、真珠湾での損害を日本の恥知らずな蛮行のせいにしたが、アメリカの前哨地がこの攻撃に対してなぜこれほど無防備であったのか、その理由には触れなかった。アメリカ国民はこの悲劇を懸命に理解し、それに適応しようとしたため、責任をめぐる疑問を避けることはほとんどできなかった。戦争で喪われた人命に対する責任問題を含む他の非常に多くの歴史論争がそうであったように、解釈の不一致が燃え上がった〉（①51頁）

さまざまな解釈のひとつに、米国が開戦する口実を作るために、ルーズベルト大統領が日本海軍にあえて真珠湾を攻撃する状況を作り出したという見方がある。西木正明氏は、この史観に立って、米国、ロシアの資料を丹念に調べ、長編小説である②を書いた。

ワイズマンがこの工作を行なった中心人物だ。

〈月曜日のこの朝、マンハッタンのウォール街にほど近いウイリアム通りに面した、クーン・レーブ商会に出勤していたウイリアム・ワイズマンは、共同経営者執務室で、ルーズヴェルト大統領の演説を聞いた。

アナウンサーが、

「リメンバー　パールハーバー」

と繰り返した。

その時ワイズマンは、近くのデスクでコーヒーをすすっていた、同僚のルイス・ストラウスをちらりと見やってつぶやいた。

「リメンバーじゃない。ウェルカムだ。ウェルカム　トウ　パールハーバーだ」

ストラウスが片方の眉を上げ、小さく肩をすくめた〉（②下巻・540〜541頁）

真珠湾奇襲が謀略であったとの解釈に対しては、いくつもの反論がなされている。謀略説が物語として面白いことは間違いないが、私は距離を置いて見ている。歴史とは、誰かが設計図を書いて、それがそのまま実現するほど単純ではないからだ。

それよりも真珠湾奇襲が米国人の心理に対して与えた影響を分析することが重要と思う。

〈戦時中、パールハーバーは、不実な敵による「騙し討ち」に対しての報復と正義の復讐を正当化する、アメリカの中心的な象徴となった。日本人の人種的・国民的特質は、一般には背信行為と関連づけられ、恥知らずな蛮行そして報復という物語は、最後の抵抗の先例と同様に、「アメリカ人」は白人で優等で、日本人は獣じみていて、画一的、残酷で欺瞞的であると特徴づける、人種主義のイデオロギーを利用した。サミュエル・エリオット・モリソンは、この戦争は「文明化」されてはおらず、むしろ「インディアンと戦った原初の日々」を思い起こさせた、と説明した〉（①80頁）

第二次世界大戦後、米国が孤立主義に戻ることはなかった。

真珠湾奇襲でできあがった、「文明」と「野蛮」という二項対立図式は、その後、米国がベトナム戦争に深入りしていく原因になった。

そして、現在のイラク、アフガニスタンにおける米国の国際テロリズムに対する戦いも、この枠組みで行なわれている。

49 ロシア人の本音
――国家が押しつける基準を決して受け入れない「したたかな人々」

『魔女の1ダース――正義と常識に冷や水を浴びせる13章』

米原万里　新潮文庫／2000年

通訳で作家の著者が、日本人の常識では考えられないような世界の「常識」を集めた異文化エッセイ集。オウム事件からロシア人の下ネタまで硬軟織り交ぜた構成で、言葉や文化の奥深さに触れることができる。

『戦場のニーナ』

なかにし礼　講談社文庫／2010年

戦場で拾われ、家族のことも、自分が何者なのかも知らないニーナ。ある日彼女はフクシマという男と出会い、そこから自分のルーツを探す旅が始まる。ロシアで見つかった、たったひとりの日本人残留孤児の物語。

私は現役時代、もっぱら対ロシア外交に従事していた。そのせいか、「ロシア人とはいったいどういう性格の人たちですか」という質問をよく受ける。

以下の2冊を手がかりにしてロシア人について考えてみたい。

①米原万里（まり）『魔女の1ダース——正義と常識に冷や水を浴びせる13章』（新潮文庫、2000年）

②なかにし礼『戦場のニーナ』（講談社文庫、2010年）

ロシア語通訳の第一人者で、作家でもある米原万里さん（故人）は、日本人のなかでロシア人の性格を最も的確に表現した人だと思う。米原さんが描くロシア人像をひと言でいうと「したたかな人々」だ。私は1987年8月にモスクワに赴任した。その当時は、ゴルバチョフ・ソ連共産党書記長が反アルコール・キャンペーンを展開していた。節酒によって職場規律を強化しようとしたのである。これに対して、民衆は砂糖水にイースト菌を入れて自家製ウオトカ（サマゴン）を造ることで対抗する。

〈砂糖が店頭から姿を消すと、続いてジャムや菓子が見えなくなった。そのうち歯磨きまでが姿を消した。歯磨き粉にも砂糖が含まれているからだ。

さらに、驚くべきことに、靴磨き用のクリームまでが店頭から消えたのである。靴クリームにはアルコールが使用されている。だから、靴クリームをパンに分厚く塗って置いておくと、靴クリームに含まれるアルコールが万有引力の法則にしたがって少しずつ下りてきてパンに染み込む。十分に染み込んだところで、靴クリームをそぎ落とし、アルコールが染み込んだパンを食うというのだ〉（①39〜40頁）

結局、靴クリームやオーデコロンに含まれる工業用アルコールを摂取して中毒死する人々が激増したので、反アルコール・キャンペーンは中止された。ロシア人は、国家の命令にもそう簡単に従わず、したたかな抵抗をする人たちだ。

ところで政治体制から見れば、ソ連と現在のロシアはまったく別の国である。ソ連体制の恐ろしさを、なかにし礼氏が見事に描いている。②の主人公ニーナは、満州（中国東北部）の日本人残留孤児だ。許婚（いいなずけ）が亡命したためにニーナはKGB（国家保安委員会＝秘密警察）に逮捕され、尋問を受ける。

〈「私がなにをしたのでしょう」

「お前の許婚が亡命した。亡命とは反革命犯罪であり、反ソ宣伝活動のうちで最も悪質なもの、銃殺刑にも値する。お前はそれを知っていて密告しなかった」

ニーナは一瞬、なにを言われているのか分からなかった。

「密告?」

「そうだ。企図され、または実行された反革命犯罪について密告を忌避した場合は刑期六ヵ月以上、自由を剝奪する、とここに書いてある」

男は法律書をぽんと机の上に投げ出した。

「私は本当になにも知らなかったのです」

「パウリク・モロゾフを知っているか?」

「知りません」

「パウリク・モロゾフ少年は一九三二年、農業社会化時代だが、実の父親をGPU(引用者注・国家政治局、KGBの前身)に密告した。そのために少年は村の人々によってなぶり殺しにされたが、国家は彼を人民英雄としてたたえた。君もこの少年を模範とすべきだったのだ」》(②431~432頁)

公にはパヴリク・モロゾフは英雄とされた。ソ連の子供たちは赤いスカーフとパヴリク・モロゾフのバッチをつけていた。しかし、ソ連時代も「あいつはパヴリク・モロゾフのような奴だ」と言えば、自分の出世のために親や兄弟を売り渡す最低の人間という悪口だった。

ロシアの民衆は国家が押しつける基準を決して受け入れない。こういう二重性を理解することがロシア人と付き合うコツだ。ロシア人が言うことを額面どおりに受け取ってはいけない。

米原さんはロシア式交渉術を身につけていた。ロシアでは飛行機がよく遅れる。日本人旅行者に米原さんは一発こうかませる。

〈「わたしの経験では、今まで一度たりとも予定どおり飛んだことはないし、空港で三三時間も待たされたことがあります。いちど座席の上の換気扇から冷水が滴り落ちてきて往生し、スチュワーデスに訴えたら、『死にゃーしないわよ』と相手にもされませんでした。そもそもサービスという概念など無いのです」

と少し大げさに言い立てておく〉（①122〜123頁）

こうすれば、日本人旅行者は飛行機が少しくらい遅れでも文句を言わない。

ロシアのメドベージェフ大統領（当時）が北方領土問題について強硬な発言をするのも、実は腹の中で今後のロシアの譲歩をできるだけ大きく見せるための駆け引きなのである。

50 「プーチン現象」の真実

——権力に対して批判的。インテリだからKGBでは出世しなかった

『自壊する帝国』

佐藤優　新潮文庫／2008年

ソ連邦消滅という、歴史の大きな渦に身を投じた著者が、そこで目撃したものを綴ったモスクワ回想録。ゴルバチョフの「改革」が急速に国家を「自壊」に導いていく過程と、復活を遂げつつある新ロシアの真意と野望を描く。

『ザ・プーチン　戦慄の闇』

スティーヴ・レヴィン／著　中井川玲子、櫻井英里子、三宅敦子／訳　阪急コミュニケーションズ／2009年

現在もっとも力を持っていると言われているプーチン。彼の第2代大統領任期中に犠牲となった人々について、目撃者や遺族へのインタビューを行ない、現代ロシアの独裁政治を暴(あば)くノンフィクション。

ロシア憲法では、首相はもっぱら経済を担当することになっているが、プーチン首相（当時）は外交にも強い影響を与えている。北方領土交渉に関しても少なからぬ影響を与える。

表情をめったに出すことがない「死に神」のようなプーチン首相をどう捉えればよいのだろうか？　①佐藤優『自壊する帝国』（新潮文庫、2008年）、②スティーヴ・レヴィン／著　中井川玲子、櫻井英里子、三宅敦子／訳『ザ・プーチン　戦慄の闇』（阪急コミュニケーションズ、2009年）の2冊をもとに考えてみたい。ちなみに私は、現役外交官時代にプーチン氏と3回会ったことがある。プーチン氏は優れたインテリジェンス（諜報）官僚であるとともに知識人（インテリ）なのだ。

ロシアのインテリの特徴は、単に知識や教養があるだけではなく、権力に対して批判的だということだ。インテリ的体質を持ったプーチン氏は、自分自身を含め、権力に対して批判的である。

しかし、プーチン氏はソ連体制における権力の中心であるKGB（ソ連国家保安委員会＝秘密警察）に就職する道を選んだ。こういうインテリ型の諜報機関員がときどきいる。私がこの現象について書いた記述を読んでほしい。

〈モスクワ大学生の場合、いわゆる優等生の枠におさまらない。ロシア・インテリゲンチャ（知識人）として真理を追求していくことに文字通り命を懸けている、何かに取り憑かれた学生が何人かいる。多数派である［注・共産］党官僚志望や大学教師志望のごく普通の学校秀才型の学生たちも「取り憑かれた学生」には敬意を表し、友人関係は一生続くことになる。／また、反体制派の知識人を、KGBの検閲官や共産党中央委員会の文化官僚やイデオロギー官僚が庇ったりすることも、頻繁にあった〉（①64～65頁）

プーチン氏は、反体制派の知識人を守るようなタイプの諜報機関員だ。それだからKGBでは出世しなかったのである。このカラクリが欧米の月並みな評論家には見えないようだ。米国の『ビジネス・ウィーク』誌チーフ・エディターとして現代ロシア政治の専門家と評価されている、スティーヴ・レヴィン氏のプーチン評も深みに欠ける。

〈私は、プーチンと国家情報機関の強い繋がりを軽視するつもりはない。表情を顔に出さないこの男は、諜報機関と母国ロシアのためだけに動いているように見えた。そして、ゴルバチョフとエリツィンが諜報機関と国をひどく不当に扱ったと信じていた。しかしながら、プーチンの諜報員としてのキャリアは秀でたものではない。スパイがそこそこ出世するには、重要敵国の首都に派遣される必要がある。ワシントン、ロンドン、もしくは東西紛争の重要地域である中東のような場所だ。ところがプーチンは東ドイツに6年間派遣されただけである。秘密事項も共産主義へ転向させるべき外国人も少ないソ連の衛星国だ。それも首都ベルリンでなく、非常に注目度の低いドレスデンの任務だった〉（②43頁）

プーチン氏がKGBで出世しなかったのは能力が低かったからではない。知識人的体質を持っているので無理をしなかったのだ。

1999年12月31日に当時のプーチン首相がエリツィン大統領によって信頼され、後継者に指名された理由も、この無理をしない性格によるところが大きい。

プーチン氏は、ソプチャーク元サンクトペテルブルク市長に登用されて政治キャリアを歩み始めた。ソプチャーク氏とエリツィン氏は仲がよくない。エリツィン氏はプーチン氏に何度も「ソプチャークと訣別すれば、君をもっと出世させる」と水を向けた。プーチン氏は、いつも「せっかくのお話ですが、私は恩を受けた人を裏切ることはできません。出世しなくてもけっこうです」と答えた。その様子を見て、エリツィン大統領は「こいつを後継者にすれば裏切られることはない」と判断したのである。エリツィン氏の判断は正しかった。

私のモスクワ駐留時代の友人で、①の主人公であるインテリのサーシャとのやりとりを紹介する。ここにプーチン現象を読み解く鍵がある。

〈「どうやったらソ連帝国が生き残ることができるのか」

「ソ連帝国が生き残ることはできない。人工的なソ連帝国は滅びなければならない。ソ連帝国が滅びることがロシアが帝国としてよみがえるために必要なんだ」〉（①542頁）

プーチン氏はロシア帝国の復活に文字どおり命を捧げている。その心意気をロシア人が買っているのだ。圧倒的大多数のロシア国民に支持されている理由はここにある。

日本の総理が、日本国家のために命を捧げるという裂帛（れっぱく）の気合でプーチン首相に立ち向かえば、北方領土問題の突破口が開く。

51 北朝鮮をめぐる情報戦
――実際には北朝鮮情報の相当部分が「東京発」

『情報力――情報戦を勝ち抜く〝知の技法〟』

佐藤優、鈴木琢磨／共著　イースト・プレス／2008年

「日朝情報戦」のカラクリ、公開情報から真実を読み解く「情報収集力」、相手の真意を的確に見抜く「教養力」、膨大な情報を瞬時に捌く「整理力」「勉強力」など、北朝鮮をめぐるウソとホントを見極める方法を伝授。

『永生』

ベク・ボフム、ソン・サンウォン／著　『永生』翻訳委員会／訳　白峰社／1999年

1994年7月8日にこの世を去った金日成(キムイルソン)の、最後の1年間を克明に描いた、北朝鮮でベストセラーとなった長編小説。金日成の生前の人となり、突然の死にショックを受ける金正日(キムジョンイル)の心情、肉声などもリアルに描く。

北朝鮮の金正日総書記（注・2011年12月17日死去）の重病説が流れている。核兵器と弾道ミサイルをもつ「ならずもの国家」である北朝鮮が混乱に陥（おちい）ったらどうなるのか？　弾道ミサイル「テポドン」が日本に飛んでくるのではないかと思うと、心配で夜も安心して眠ることができない。

そもそも日本は北朝鮮に関する情報をもっているのか？　アメリカや韓国の情報にだけ頼っていて、独自情報がないのでは？　こういった疑問が次々と湧（わ）いてくる。しかし、実際には北朝鮮情報の相当部分が「東京発」なのである。インテリジェンス（諜報）の世界では、「この問題ならば奴に聞け」というキーパーソンが存在する。北朝鮮問題に関するキーパーソンのひとりが毎日新聞の鈴木琢磨編集委員であるということは、この道のプロがみんな認めることだ。各国の外交官やインテリジェンス機関員が鈴木氏のところに「北朝鮮情報を教えてくださ い」と定期的に通ってくる。金正日の健康状態に関する情報、北朝鮮政治エリートの権力闘争に関する情報がワシントンやソウルから流れてくる。情報源をたどっていくと、元は鈴木氏が外国人に教えてあげた情報であることがときどきある。

地域情勢の専門家でその地域の言語ができない人は一級の専門家と見なされない。鈴木氏は朝鮮語に通暁（つうぎょう）している。韓国の用語法だけでなく、北朝鮮の複雑な語彙（ごい）体系や中世朝鮮語まで理解する。それに、北朝鮮の文献を、鈴木氏が独自のルートから入手した秘密文書を含め、徹底的に読み込んでいる。

私は、鈴木氏との共著①『情報力――情報戦を勝ち抜く〝知の技法〟』（イースト・プレス、2008年）を刊行した。同書を読んでいただければ、北朝鮮で何が起きているかがよくわかる。鈴木氏は、小泉純一郎首相（当時）が訪朝した2002年頃に、北朝鮮はすでに金正日の後継者を準備し始めたと分析する。

〈小泉訪朝のころの北朝鮮は、一種の混乱期にあったのではないかとにらんでいます。（中略）北朝鮮の中枢で何かしらの価値の変換があったのでしょう。大胆な経済改革がスタートした。そして、ズバリ、後継者問題だと思います。二〇〇二年二月十六日に金正日は六十歳になりました。この節目の年にあたり、金正日の腹の中で後継者問題についての方針が固まったのではないか、と見ています。つまり、将来設計が描かれた〉（①40頁）

鈴木氏は、この時期に高英姫（コヨンヒ）（金正日の元夫人、事故で死去したといわれている）を偶像化する「オモニム（国母さま）」キャンペーンが展開されたことを重視する。すなわち、金正日と高英姫の間に生まれた息子（長男は金正哲、次男は金正恩）を後継者にするという基本方針が定まった可能性が高いと分析する。鈴木氏の分析を発展させれば、北朝鮮は２００２年から金正日後に備え、体制を整え始めているので、今、金正日が死去したり重病で執務不能になっても、北朝鮮が大混乱に陥ることはないという見通しになる。そうなれば、混乱のドサクサでテポドンが日本に向けて発射されるようなこともない。

北朝鮮情勢については、信頼できる情報が少ないといわれるが、鈴木氏は北朝鮮の小説を読めば相当、機微にふれる内部事情がわかるという。

〈情報といえば、北朝鮮の小説がとてもおもしろいですね。プロットやストーリーはつまらないのですが、たいがい公表されていない金正日の言葉をベースとして書かれていますから、情報の宝庫です〉（①107頁）

私も現役外交官時代、北朝鮮のベストセラー小説②ベク・ボフム、ソン・サンウオン／著『永生』翻訳委員会／訳『永生』（白峰社、1999年）を読んだが、これが情報分析の役に立った。１９９４年７月８日の金日成死去の前後、カーター元米大統領や米国人のビリー・グラハム牧師が、北朝鮮の核開発問題をめぐって縦横無尽に活躍するというストーリーだ。細部が面白い。例えば、金正日が興奮した時の癖が描かれている。金正日が金日成と電話で話している時の情景だ。

〈キムジョンイル総書記の声はだんだん熱気をおび、眼からは火花がちるようだった。キムジョンイル総書記は、受話器を握りしめたまま片手を高くあげ、そして強くふりおろした。興奮と熱情があふれたときの独特のしぐさだった〉（②6頁）

金正日が左手で受話器を持ち、右手を頭の上から思いっきり振りおろしながら、電話で会話をしているという情景を思い浮かべてみよう。相当変わった人だ。こういう人を相手に外交交渉をするには、どういうレトリック（発話の仕方）、どういう論理の組み立てをすればよいかを研究するのもインテリジェンスの仕事だ。

52

北朝鮮とミサイル

——後継者は、金正日の息子であれば誰でもいい

『テポドンを抱いた金正日』

鈴木琢磨　文春新書／2006年

テレビでおなじみの北朝鮮ウオッチャーである、毎日新聞編集委員の著者が綴った金正日の評伝。豊富な人脈への取材と膨大な極秘資料をもとにその軌跡を辿った結果明らかになった、朝鮮総連もCIAも驚く「真実」とは？

『平成20年版日本の防衛——防衛白書』

防衛省／編　ぎょうせい／2008年

日本の防衛政策について、最新情報を理解できる1冊。豊富な写真を用い、防衛省、自衛隊について最新の情報をわかりやすく記述してある。日本の防衛に関する基本データを知ることで、国際社会で日本が抱える問題もわかる。

２００９年４月５日、北朝鮮がミサイルを発射した。もっとも、これはミサイルではなく、平和目的の通信衛星「光明星２号（クァンミョンソン）」の打ち上げだったと北朝鮮は主張している。仮に人工衛星の打ち上げだったとしても、ロケットの頭に衛星ではなく弾頭を装塡（そうてん）すればミサイルになるのだから、実質的にはどちらでも同じだ。

北朝鮮は人工衛星を軌道に乗せることに成功したと言っている。しかし、これは眉唾物（まゆつばもの）だ。

〈北米航空宇宙防衛司令部（ＮＯＲＡＤ）と米北方軍司令部は5日、北朝鮮が発射したミサイルについて「第一段階は日本海に落下し、残りの部分は先端部も含めて太平洋に落ちた」と発表し、人工衛星打ち上げは失敗だったと明らかにした。何も衛星軌道に入らなかったという〉（２００９年４月５日付、アサヒ・コムより）

私は米国の発表が真実だと思う。北朝鮮の科学技術は人工衛星を軌道に乗せる水準には達していないのだ。

本項では、①鈴木琢磨『テポドンを抱いた金正日』（文春新書、２００６年）、②防衛省／編『平成20年版 日本の防衛――防衛白書』（ぎょうせい、２００８年）の２冊を手がかりに、北朝鮮が弾道ミサイルの打ち上げに固執する理由と、北朝鮮の脅威に対する日本の対応能力について考えてみたい。

毎日新聞編集委員の鈴木琢磨氏は北朝鮮情勢に関する国際的権威だ。各国のインテリジェンスのプロが鈴木氏の見解を聞きにやってくる。

1998年8月31日、北朝鮮は中距離弾道ミサイル「テポドン1号」を打ち上げた。

〈平壌はあくまで人工衛星と主張し、金正日の誕生神話にちなんだ「光明星1号」と命名し、ロケット部分はこれまた革命の聖地から「白頭山1号」と名付けられた〉(①41頁)

鈴木氏は、北朝鮮国内で発表された金王朝御用作家の手による小説の内容を詳しく分析した上で、金正日は弾道ミサイルを発射したというシグナルを国際社会に送ったと考察する。

〈予想を裏切って金正日は主席のポストにはつかず、いささか地味な印象の国防委員長の肩書でもって最高権力者となった。テポドンはその祝砲であった〉(①44頁)

この弾道ミサイル（テポドン）は祝砲であるという鈴木氏の説に私も賛成す

る。

今回のミサイル打ち上げは、金正日から息子への権力移譲を記念する祝砲だったと私は解釈している。

さて、わが自衛隊は4日の時点で、弾道ミサイルが発射されたという誤報を2回もしてしまった。もっとも、初めての経験で神経が多少過敏になっているので、これくらいの誤差は許容範囲だ。

では、わが自衛隊には弾道ミサイルを含む北朝鮮の脅威を除去する能力が備わっているのだろうか？　結論から言うと備わっている。

〈わが国のＢＭＤ（引用者注・弾道ミサイル防衛）システムは、飛来する弾道ミサイルを、イージス艦によりミッドコース段階において、またペトリオットＰＡＣ―３によりターミナル段階において、それぞれ迎撃する多層的なウェポンシステムを採用している。そしてこれに、わが国に飛来する弾道ミサイルを探知・追尾するセンサー、さらにウェポンとセンサーを効果的に連携させて組織的に弾道ミサイルに対処するための指揮統制・戦闘管理・通信システムを加えて、全体のシステムが構成されている〉（②139頁）

わが自衛隊の装備、隊員の水準は、北朝鮮の人民軍など足下にも及ばないほど高いのだ。日本の防衛力を過小評価してはならない。

北朝鮮が弾道ミサイル打ち上げをあえて行なうことで、打ち上げ凍結を餌に米国との取り引きを考えているという見方もあるが、私の見解は異なる。

北朝鮮は、おそらく2012年の金日成生誕百周年を目処にして国家指導者の代替わりを計画しているのだと思う。

後継者が誰であるかについて、固有名詞はそれほど重要でない。金正日の息子であれば誰でもいいのだ。

〈革命は銃である。革命武力なくしては革命の勝利は達成できないし、勝利した革命も守り抜けない。そもそも首領さま〔金日成〕の思想と偉業を実現していく革命闘争は反革命勢力との深刻な闘争を伴う。力の対決で勝利する決定的担保は革命武力の不敗性にある〉(①39頁)

これは1998年4月25日付朝鮮労働党機関紙『労働新聞』の記事の一部だ。北朝鮮は、「革命武力の不敗性」を日本との関係でも証明しようとしている。

このような北朝鮮の脅威に対して、国民が一丸となって対抗すべきだ。

53 イスラエルを理解する

――「全世界に同情されながら滅亡するよりも、全世界を敵に回してでも戦い、生き残る」ことが国是

『モサド前長官の証言「暗闇に身をおいて」』

エフライム・ハレヴィ／著　河野純治／訳　光文社／２００７年

モサド前長官で、現在はヘブライ大学戦略政策研究センター所長である著者が描く、中東現代史を変えたインテリジェンス戦争。和平交渉の舞台裏が詳細に語られている。著者をよく知る佐藤優による丁寧な解説つき。

『まんが パレスチナ問題』

山井教雄　講談社現代新書／２００５年

日本人にはなじみの薄い「パレスチナ問題」をユダヤの少年とパレスチナの少年、そしてエルサレムののらねこがわかりやすくガイドする。旧約聖書の時代から、21世紀まで、宗教や民族について知ることができる。

２００８年末から２００９年の年明けにかけての最大のニュースは、イスラエルがイスラーム過激派・ハマスに対する本格的な掃討作戦を展開したことだ。欧米と異なり、日本のマスコミや有識者には、パレスチナに対して感情移入をしている人が多い。したがって、新聞を読んだりテレビを見たりするだけでは、問題の本質を捉えることができない。

まず、ハマスが9・11を引き起こしたアルカイダとつながるテロ組織であることを押さえておかなくてはならない。２００８年6月19日、イスラエルとハマスの間で6ヵ月の停戦協定が成立した。同年12月、イスラエルは停戦協定の延長を提案したが、ハマスが拒否。そして、ハマスは同年12月24日深夜から翌日未明にかけて、パレスチナ自治区ガザからイスラエルに向けてロケット砲などを約１００発撃ち込んだ。

ハマスはイスラエルの対応を読み違えたのだと思う。米大統領選で民主党のバラク・オバマ氏が勝利した。もはやブッシュ政権は「死に体（たい）」なので、イスラエルも米国の支援を期待できない。そこで、ガザからイスラエルにロケット砲を撃ち込んで挑発し、これにレバノンのシーア派民兵組織ヒズボラを呼応させ、イスラエル国家を破壊しようとしたのだ。背後で糸を引いているのはイランだ。

イスラエルは、「全世界に同情されながら滅亡するよりも、全世界を敵に回してでも戦い、生き残る」ということを国是とする国家である。イスラエルとしては、その時点でハマス掃討作戦を展開しなくては国家が崩壊するという危機意識をもったのだ。そして、空爆だけでなくガザに対する地上戦を展開した。

本格的軍事行動に踏み込めば、どうしても行き過ぎが生じる。この点に関して、イスラエルは国際社会の批判を真摯に受けとめるべきだ。しかし、問題の根源はイスラエル国家の消滅を画策するハマスにあることを忘れてはならない。

ハマスをめぐる紛争を国際社会の秩序の変化との関係で考察する必要がある。この点、**①エフライム・ハレヴィ／著　河野純治／訳『モサド前長官の証言「暗闇に身をおいて」』（光文社、2007年）**の洞察がとても参考になる。1998年にアルカイダのテロリストによって、ケニアのナイロビとタンザニアのダルエスサラームの2ヵ所の米大使館が同時に爆破された。ハレヴィ氏はすでにこの時点で第三次世界大戦が始まっていると考える。

この状況で、新しいインテリジェンス（諜報）が必要とされる。

〈従来の諜報ゲームに革命的な変化が生じる。それまでワシントン、ロンドン、モスクワのあいだで行われていたゲームのルールは、ビンラディン、ヒズボラ、バグダッド、カブール、リヤドが相手のときには、まったく通用しないことがすぐにわかる。従来の思考パターンをいますぐ捨てて、これまでとはまったく異なる、いくつもの新しい現実、新しい価値観を直視しなければならなくなる〉（①30頁）

この緊張感が日本外交にまったくないことは問題だ。

パレスチナ問題について、②山井教雄『まんが パレスチナ問題』（講談社現代新書、2005年）はバランスがよくとれた入門書だ。パレスチナ人のアリとユダヤ人のニッシムの対話形式で記述が進められるが、ときどきエルサレムの由緒あるのらねこが登場して議論を整理する。

イスラエルとハマスの抗争について、のらねこはこう述べる。

〈2004年1月に、シャロン（引用者注・イスラエル首相）はガザ地区から入植地も軍隊も撤退すると発表したんニャ。ヨルダン川西岸に造ってる壁が国際世論の非難の的になってるので、ガザ地区を返還して非難を和らげようとしたニョだな。

2003年のアカバ和平会談以来、シャロンはアラファトやPLO（引用者注・パレスチナ解放機構）を交渉相手として認めていないから、パレスチナ側との話し合いもせずに、一方的に発表した。

それで、ハマスなんかの過激派は、自分たちのテロ活動が勝利したんだと、さらに勢いづいちゃったニョだ。

これに対しシャロンは、返還前にテロリストを壊滅させると言って、大規模な掃討作戦を開始したんニャ〉（②251頁）

表面的にはそのとおりだ。ただし、9・11以降、パレスチナ問題をアルカイダが利用するようになったことが重要だ。「イスラエルを地図上から抹消する」という目標を、イラン、ヒズボラ、アルカイダ、ハマスは執拗（しつよう）に追求している。

このような状況で、日本はイスラエルとハマスの間で中立的姿勢をとるべきではない。価値観を共有するイスラエルの立場を支持すべきと私は考える。

54 ミャンマーと日本の「特別な関係」

――人権に関する日本の感覚は、欧米諸国と異なっているのか

『ビルマ軍事政権とアウンサンスーチー』

田辺寿夫、根本敬　角川oneテーマ21／2003年

軍事政権が全権を掌握しているミャンマー（ビルマ）の現状を、ビルマ研究の第一人者として知られる著者がルポ。国が抱える人権侵害や経済疲弊などの問題を浮き彫りにする。日本政府との深い関係も明らかにされる。

『希望の声　増補版――アラン・クレメンツとの対話』

アウンサンスーチー／著　大石幹夫／訳　岩波書店／2008年

政府の方針に反対を表明し、長年軟禁状態にあったアウンサンスーチーに、ミャンマー（ビルマ）で長年修行をしたという米国人僧侶が行なったロングインタビュー。彼女の宗教観、人生観、家族との思い出、国への思いが伝わってくる。主要事件についての年表、リンク集つき。

ミャンマー情勢に関するニュースが報じられると、必ず民主化運動指導者のアウンサンスーチーさんに関する言及がある。2009年10月10日付の朝日新聞朝刊もこう報じている。

〈アウン・サン・スー・チーさんは、9日の米英外交官らとの会合で、対ミャンマー制裁の実態などについて意見を交換。制裁の解除に向け、軍事政権との対話を進める考えを改めて示した。

オーストラリア大使館の発表などによると、約1時間の会談で、スー・チーさんは各国の制裁の詳しい内容を尋ねたという。ヘイン英大使は「軍政が民主化に向けて具体的な措置をとれば、EU各国は制裁解除に前向きに応じる」と話した〉

以下の2冊を通してミャンマー情勢について考えてみたい。

①田辺寿夫、根本敬『ビルマ軍事政権とアウンサンスーチー』（角川oneテーマ21、2003年）

②アウンサンスーチー／著　大石幹夫／訳『希望の声　増補版――アラン・クレメンツとの対話』（岩波書店、2008年）

まず、ミャンマーという国の成り立ちを辿ってみよう。戦前、陸軍参謀本部第八課、謀略課といわれるインテリジェンスを担当する課があった。英国の植民地とされているアジア諸国の独立運動を支援し、日本に有利な情勢をつくることが謀略課の任務だった。そこに属した鈴木敬司大佐はスーチーさんの父親、アウンサンの反英武装闘争を支援し、この工作を実施するために南機関を設立した。1940年4月、アウンサンたち30名がビルマを脱出。そして、

〈日本海軍が一九三九年二月から占領していた南シナ海の海南島（ハイナン）に集結して、短期集中の厳しい軍事訓練を南機関の日本人教官たちから受けた。彼らはのちにビルマの歴史のなかで「三〇人の志士」と呼ばれるようになる〉（①52頁）

もっとも、第二次大戦末期にアウンサンは抗日闘争を展開する。日本のいうビルマ独立が形式だけで、実際は日本による植民地化と考えたからだ。

アウンサンは1947年7月に暗殺され、翌年1月にビルマは独立するが、彼は独立の英雄として国民に尊敬されている。

第二次大戦後、ビルマは独裁者ネ・ウィン大統領の指導下、独自の仏教社会主義に基づく中立路線をとった。1988年にスーチーさんを中心とする民主派によってネ・ウィン体制が打倒されたが、その直後に国軍が民主派を鎮圧し、軍事

政権が成立して今日に至っている。

軍事政権は国名をミャンマーと改称した。スーチーさんは英語で話す時はこのミャンマー（Myanmar）ではなくビルマ（Burma）という呼称を使い続けている。

日本は欧米諸国と一線を画し、ミャンマーの軍事政権と良好な関係を維持している。ＯＤＡ（政府開発援助）により両国の間に強い利権が生まれているので、そう簡単に軍事政権を切ることができないのだ。

ミャンマー問題は、人権に関する日本の感覚が欧米諸国と異なるのではないかという疑念を抱かれる一因にもなっている。スーチーさんの思想は以下の部分に端的に表れている。

〈暴力的な方法そのものが、私たちにとって常に脅威です。なぜなら、民主主義に賛成しない人たちがいつもいて、もし暴力的な手段で民主主義が達成されたとすると、民主化運動反対の中核をなす強硬派が、「彼らが体制を変えたのは暴力を通じてだった。だから、もしわれわれが彼らよりもすぐれた暴力的な手段を発達させたら、われわれは権力を奪い返すことができるだろう」と考えるでしょう。そして、この悪循環はくり返されます。暴力は正しい方法ではないと言うのは、私にとって信念であると

同時に政治的な戦術なのです〉（②159頁）

このようなスーチーさんの見解に対し、欧米の帝国主義や植民地主義に対してアジアの民族主義者が武力を用いて戦わざるをえなかったことを軽視するものだという反発も存在する。

そして、ミャンマーの民主派や欧米において、日本に対する批判が少なからずある。

〈「日本は民主主義の国なんだろう。国民に選ばれた議員や政党は、自分の意見にもとづいた行動をする責任があるんじゃないか」

「日本でさ、選挙に勝って議会で多数を占めた政党が政権の座に就かなかったらどうなる。あり得ないだろう。ビルマじゃ、一九九〇年以来、そんなおかしな状態が続いているんだ。民主主義国の国会議員だったらそのおかしさがわかるはずだ。軍事政権に対してもっと積極的に働きかけてほしいよ」〉（①243頁）

鳩山民主党政権の成立によって、ミャンマー問題について、日本の立場が改めて問われる可能性がある。民主化と内政不干渉の原則についてきちんとした理論武装をしておかないと、この問題で日本が国際的に非難される危険性があるのだ。

55 南アフリカの新たな課題

――肌の色による差別は一応解消されたが、経済が新たな差別を生みだした

『ルポ　資源大陸アフリカ――暴力が結ぶ貧困と繁栄』

白戸圭一　朝日文庫／２０１２年

格差が生み出す治安の崩壊、油田を巡る組織犯罪、火薬庫となった資源国、グローバリズムが支える出口なき戦争、世界の脅威となった無政府国家など、急成長するアフリカの終わらぬ紛争と犯罪の現状を現地特派員がルポ。

『ヒューマン・ファクター』

グレアム・グリーン／著　加賀山卓朗／訳　ハヤカワepi文庫／２００６年

イギリス人作家で諜報機関の一員だった著者が描くスパイ小説の金字塔。極秘情報が漏洩したイギリス情報部はスキャンダルを恐れて二重スパイの特定を進める。追う者と追われる者の心理がスリリングに描かれる。

民主党の小沢一郎幹事長（当時）と〝鬼の特捜〟（東京地方検察庁特別捜査部）の間で戦争が始まり、日本の政治は国内だけを向いている。

その一方で現在、国際社会において各国のエゴイズムが強まっている。大国は自国の国益増進に向けた主張を最大限に行なう。そして他国の反発の結果、自国の国益が毀損されそうになった時にだけ国際協調に転じる。かつての帝国主義時代に近い資源争奪をめぐる外交ゲームが展開されているのである。

その中で重要な意味をもつのが資源大国の南アフリカ共和国だ。この国が抱える問題について、以下の2冊を通して考えてみたい。

①白戸圭一『ルポ　資源大陸アフリカ――暴力が結ぶ貧困と繁栄』（朝日文庫、2012年）

②グレアム・グリーン／著　加賀山卓朗／訳『ヒューマン・ファクター』（ハヤカワepi文庫、2006年）

白戸圭一氏は、2004年から2008年まで毎日新聞特派員として南アフリカ共和国（南ア）の首都ヨハネスブルクに駐在した。白戸氏が驚いたのは、この資源大国における所得格差だ。
〈南アで一九九四年に政権掌握したアフリカ民族会議（ANC）は、既存の白人企業の経営陣に、新興黒人エリート層を強制的に入れる政策をとった。政策の是非は置くとして、問題はこの結果、経済成長の恩恵がこうした新特権層に集中するようになったことだ。民主化時点で四十七対一だった企業経営者と末端従業員の所得格差は、二〇〇五年には百十対一に開いた。黒人社会内部の階層分化が進み、南アはアパルトヘイト（引用者注・白人と黒人を差別する人種隔離政策）時代以上のいびつな格差社会となった。

南アの富裕層上位二十％の総所得は、貧困層下位二十％の約三十五倍に達する。日本は五倍前後、米国は約八倍、格差拡大が指摘される中国でもせいぜい十一倍だ。コロンビア、ブラジルは二十倍超だが、南アには及ばない。今の南アでは国民のおよそ十一人に一人が一日一ドル以下で暮らしており、ジニ係数（所得格差を〇から一の数値で表す。〇に近いほど格差が小さく、一に近いほど大きい）は〇・六五で、毎年ブラジルなどと不名誉な世界一を争っている〉（①29～30頁）

南アのアパルトヘイト政策がいかにひどいものだったかは、スパイ小説の古典『ヒューマン・ファクター』を読むとよくわかる。

ヨハネスブルクに駐在するＳＩＳ（英秘密情報部、いわゆるＭＩ６）の機関員カッスルは黒人女性のセイラと恋愛関係に陥る。当時の南アで白人と黒人の恋愛は刑事犯罪だった。

南ア秘密警察のミュラーがカッスルを尋問する。

〈「あなたは南アフリカに来るたいていのイギリス人と同じだ」とミュラーが言った。「アフリカの黒人に自然な同情を憶える。それはわれわれにもわかる。われわれもほかならぬアフリカ人だからだ。もうここに三百年住んでいる。バンツー族はあなたたちと同じように新参者だ。だが歴史の講義をする必要はないね。くり返しになるが、あなたの考え方はわかる。それがいかに無知なものであるにしても。けれどそこに感情が加わると危険だ。あまつさえ法律を犯したとなると……」

「どの法律です」

「どの法律かはよくわかっているはずだ」〉（②174頁）

この法律がアパルトヘイト法だ。カッスルはセイラを逃がし、ふたりは結婚して英国で暮らすようになる。しかし、南アから脱出する時にＫＧＢ（ソ連国家保安委員会）の力を借りたため、カッスルはソ連のスパイになる。

現在の南アでは、肌の色による差別は一応解消された。しかし、極端な経済格差が生じ、それが新たな差別を生みだしているのだ。

白戸氏はヨハネスブルクでの生活についてこう記す。

〈拙宅の通りに面した塀の上には、電流フェンスが張り巡らされ、塀を乗り越えることができないようになっていた。玄関と勝手口にはいずれもドアが二枚あり、外側は鋼鉄製の格子状のドア、内側は分厚い木製ドアだった。全部で二十四ある家の窓はすべて頑丈な鉄格子で覆われていた〉（①14頁）

このような対症療法で、富裕層は安全と安心を購入できるように見える。しかし、社会格差による国民の怒りや不満は解消されない。社会構造を変えなくてはならない。日本の南アに対する投資も、南アの社会格差を是正する企画を重視すべきだ。

小沢・検察「戦争」などというのは当事者にとっては生きるか死ぬかの戦いであるが、一般の国民大衆はこういう「戦争」に飽き飽きしている。内向きにエネルギーを浪費するよりも、南アで資源を獲得し、日本国家の生き残りに資する戦略を打ち立てるべきだ。

56 「海賊」と戦うために

――「人類一般の敵」の取り締まりには、日本も責任を果たすべきだ

『海洋法テキストブック』

島田征夫、林司宣／編　有信堂高文社／2005年

海洋に関する国際法である海洋法。この全体を、領海・排他的経済水域（EEZ）・大陸棚などの海の区分、漁業・環境保護などの問題別に、豊富な図版を用いてわかりやすく解説。大学の講義などでも使われる入門書。

『宝島』

スティーヴンスン／著　村上博基／訳　光文社古典新訳文庫／2008年

長年にわたって読み継がれる冒険小説の原点ともいえる作品の新訳。主人公の少年ジムをはじめ、大地主のローリー、医者のリヴジー、そして海賊ジョン・シルバーなど、個性的な登場人物と少年の成長が生き生きと描かれる。

海上自衛隊の派遣をめぐり、ソマリア沖の海賊問題が新聞やテレビのニュースで報じられている。この機会に海賊について、①島田征夫(ゆきお)、林司宣(もりたか)／編『海洋法テキストブック』(有信堂高文社、2005年)、②スティーヴンスン／著　村上博基／訳『宝島』(光文社古典新訳文庫、2008年)の2冊を手がかりに考えてみよう。

海賊については、海洋法条約という国際法で明確に定義されている。

〈国際法上の海賊行為は、一般的に漠然と使用される広い意味での海賊行為とは異なり、伝統的に狭く定義されたもので、海洋法条約もこれに従っている。同条約によれば、海賊行為とされるには、①私有の船舶または航空機の乗組員または旅客が、②私的目的のために行う不法な暴力行為、抑留行為または略奪行為であって、③公海またはいずれの国の管轄にも服さない場所において、④他の船舶もしくは航空機またはこれらの内にある人もしくは財産に対して行われるもの、でなければならない(101条)〉(①102～103頁)

北朝鮮の工作船が日本海沖にやってきて、そこからボートを出して、工作員が日本人を拉致(らち)するような行為は、国有の船舶(公船)を利用した、地上で行なわれる犯罪行為なので海賊行為には該当しない。

もある。

また、新聞では、「海賊」と報じられるが、国際法的には海賊行為でない場合もある。

2005年にマラッカ海峡で日本船が襲撃され、乗組員が拉致される事件があった。「海賊」による事件という報道がなされたが、国際法的にマラッカ海峡はマレーシアもしくはインドネシアの領海内にあるので海賊行為ではない。国家は、自らの領海で犯罪が起きないように治安を維持する責任がある。海賊行為については、特定の国家が責任を負うことはない。これに対して、領海で発生した犯罪行為については当該国が責任を負うというのが国際社会のルールだ。

海賊という言葉は冒険や探検といったロマンと結びつく。このイメージは海洋大国であるイギリスから生まれた。1883年に出版された『宝島』がこのような海賊のイメージをつくる上で果たした役割は大きい。この作品は家庭内での〝遊び〟から生まれたという。

〈一八八一年八月のある午後、スティーヴンスンは結婚したファニーの連れ子であるロイド・オズボーンと遊んでいて、海賊や宝物の出てくる地図を描き、この子どもを楽しませていた。これがきっかけとなって物語を書き始めると、それを子どもや妻、

あるいは友人に読み聞かせていたという〉（小林章夫氏の解説。②382頁）

物語はまず雑誌に連載され、その後、本になった。全体を通じ、海賊は「憎めない奴」という雰囲気だ。もっとも、次の箇所からは海賊行為の非道さが伝わってくる。

〈そして、奥の隅、ゆらぐ炎の明かりにぼんやり照らされて、いくつもの硬貨の山と、金の延べ棒を井桁に組んだものが見えた。それが、ぼくたちが遠路さがしにやってきた、そしてすでにヒスパニオーラ号の船員十七人の命を奪った、フリント船長の隠し財産だった。それだけあつめるのに、どれほどの代償が払われたことか。どれほどの流血と悲しみがあって、（中略）何発の砲弾が飛び交い、どれほどの破廉恥と虚偽と残虐行為があったか、この世にそれを語れる人間はいないだろう〉（②367頁）

イギリスでも海賊にロマンを読み込むのは小説の世界だけだ。海賊行為は海洋大国の国益を毀損するので、イギリスは歴史的にとても厳しい対応をしていた。海洋法条約の以下の規定もイギリスの伝統を踏まえている。

〈海賊行為は古くから「人類一般の敵」として、国際的な犯罪行為とされてきたが、海洋法条約も、すべての国に「最大限に可能な範囲で」海賊行為の抑圧に協力することを命じている（100条）。さらに、いかなる国も、海賊船・航空機と海賊の支配下にある被害船・航空機を拿捕し、容疑者を逮捕・処罰し、財産を押収することができる（105条）。ただし、そのような拿捕ができるのは、軍艦・軍用機その他政府の公務に使用されていることが明示されており、かつ識別可能な船舶・航空機で、そのための権限が与えられているものに限られる（107条）〉（①103頁）

海賊の取り締まりは国家にしかできないのだ。日本も海洋大国だ。ソマリア沖の海賊を取り締まるために、海上自衛隊を派遣することが国益に適う。「人類一般の敵」である海賊と戦うにあたっては、テロとの戦いと同様、人類の文明と平和を維持するために日本国家としても応分の責任を果たさなくてはならない。

57 今こそ『資本論』を読む

――労働者はいくら努力しても資本家になれない

『マルクス　資本論』（全9巻）

エンゲルス／編　向坂逸郎／訳　岩波文庫／1969・1970年

レーニンが「今世紀最大の政治経済学上の著作」と呼んだ経済学の古典。近代資本主義社会の経済的運動法則を徹底的に究明し、社会主義を科学的軌道に乗せた。現在の資本主義経済を考えるきっかけにもなる1冊。

『マルクスの「資本論」』

フランシス・ウィーン／著　中山元／訳　ポプラ社／2007年

長年にわたり多くの人々に影響を与えて来た『資本論』と、この本をめぐる議論を整理した読みやすい一冊。当時の時代背景と、マルクスの個人的な悲劇も含めて生き生きと描いている。『資本論』入門書として最適。

歴史は反復する。新自由主義と呼ばれる現代の資本主義は、『資本論』が描いた19世紀の純粋な資本主義とよく似た構造をしている。だからこそ、リーマン・ブラザーズの破綻以降、世界経済が危機に陥っている状況で『資本論』を読み直す意味がある。

本項では、①エンゲルス／編　向坂逸郎／訳『マルクス　資本論』（全9巻　岩波文庫、1969・1970年）と、その入門書②フランシス・ウィーン／著　中山元／訳『マルクスの「資本論」』（ポプラ社、2007年）を紹介する。

マルクスは『資本論』について、〈何事も初めがむずかしい、という諺は、すべての科学にあてはまる。第一章、とくに商品の分析を含んでいる節の理解は、したがって、最大の障害となるであろう〉（①第1巻・11頁）と述べているが、そのとおりである。『資本論』に挑戦した9割以上の人々が「第1章・商品」、第1分冊の100頁くらいを読み進めることができずに挫折してしまう。

それはマルクスの言語がドイツ観念論の影響を強く受けているのでくねくねしていることに加え、この商品の部分について、複数のまるっきり異なった解釈が可能だからだ。読者は不思議に思われるかもしれないが、世界の名著と呼ばれるようなテキストは複数の読み方が可能なのである。だから、自分の読み方をきちんと決めておかないと『資本論』を理解することはできないのである。

その意味で、フランシス・ウィーンの読み方はバランスがよくとれているのでお勧めだ。ウィーンは、『資本論』は労働者の立場から書かれている本ではないと主張する。そして、これから資本家になろうとする「資本家見習い」に対して資本主義のからくりを説明するという方法をとっていると考える。私もこの見方が正しいと思う。

経済が発達すると商品の交換が行なわれるようになる。ここにボールペンをたくさん持っている人がいるとする。お腹がすいているので、誰かがおにぎりを1個持ってきたらボールペンと交換したいと考えている。ところで、おにぎりをたくさん持っている人がここにいるが、この人はボールペンはもう持っているので欲しくない。誰かが缶ビールを持ってくれば、おにぎりを3個渡してもいいと思っている。

商品経済を物々交換で円滑に運営することはできない。そこで貨幣が生まれる。ボールペン1本が100円で売れれば、その100円でおにぎりを買うことができる。商品と商品の交換は、貨幣という回り道を通って行なわれるようになる。

ここでよく考えてみよう。貨幣があれば、どのような商品でも買うことができる。しかし、商品があっても、必ずしも売れるとは限らない。

〈商品は貨幣を愛する。が、「誠の恋が平かに進んだ例がない」〔シェイクスピア／著　土居光知／訳『夏の夜の夢』第一幕第一場　岩波文庫、38頁〕ことを、われわれは知っている〉（①第1巻・191頁）

商品は貨幣にいつも片思いをしているのだ。人間と人間が商品を交換する過程の便宜から生まれた貨幣が特別の力を持つようになる。貨幣を持っていれば欲望を満たすことができるので、人間はどんどん貨幣を増やそうとする。この貨幣を増やそうとする運動を資本という。どうやれば資本（貨幣）を増やすことができるのであろうか？

〈わが「資本家見習い」氏は、販売されると、実際の原価よりも大きな価値を生みだすことのできる特性のある商品をみつける必要があるわけである。幸いなことに「資本家見習い」氏はこの独特な特性のある商品をみつけることができる。それが労働力

である〉（②68〜69頁）

労働力商品の価格が賃金だ。ある人が自動車組み立て工場で、1ヵ月20万円で働くとする。この工場は、この労働者を雇うことで20万円よりも多くの収益をあげている。そうでなければ、労働者を雇う必要はない。仮にこの資本家（工場の経営者）が労働者をひとり雇うことで10万円儲けているならば、これが剰余価値である。労働者から見れば、10万円搾取されているのだ。

しかし、労働者は資本家に騙されているわけではない。もし月20万円の賃金で働くのが嫌ならば、労働者はそれを断る権利がある。もっとも、条件が悪くても労働者は食べていかなくてはならないので、1ヵ月の生活が保障される水準の賃金ならば受け入れてしまう。こうして自由、平等を建て前とする社会が、実際は階級社会だということが明らかになる。

〈賃金労働者、資本家、土地所有者は、近代の、資本主義的生産様式に立脚する社会の三大階級をなす〉（①第9巻・116頁）

『資本論』を読むと、労働者はいくら努力しても資本家になれないことがよくわかる。

あとがき　司書室にて

日本は書籍大国だ。インテリジェンスの世界に、オシント（OSINT）という業界用語がある。公開情報諜報、すなわちオープン・ソース・インテリジェンス（OPEN SOURCE INTELLIGENCE）の略語だ。国家秘密（ただし軍事秘密を除く）の95～98パーセントは、新聞、雑誌、書籍、政府機関のHPなどで、誰もがアクセスすることができる公開情報から得られるということだ。私は外務省で情報収集や調査分析の仕事を行なっていたが、そのときの経験に照らしても、秘密情報のほとんどが公開情報から得られるというのは真実だ。

もっとも無数の公開情報は、文字どおり玉石混淆（ぎょくせきこんこう）だ。公開情報から、有益な情報（それには国家が秘密にしているものが少なからずある）を選び出すコツがある。偽情報や、いいかげんな情報を排除することだ。そのために重要なのは、常識を身につけることである。

インテリジェンスのプロは、雑談の中で、相手の情報がどの程度正確であるかについて、さりげなくチェックする。

中国の政治情勢について説明している人に「ところで中国の人口は急速に増えましたよね。どれくらいになりましたか」と水を向ける。仮に相手が、「中国の人口は2億人だ」と答えたならば、この人の話を聞くには及ばない。中国の人口（日本外務省HPによれば約13億人）のような基礎データを知らない人が語る政治情勢に関する話はデタラメに決まっているからだ。

もっとも実際のインテリジェンスの現場では、もう少し細かい知識が問われる。相手の水準を知るために例えば「米国に殺害されたオサマ・ビン・ラディンは、アフガニスタンのタリバーンと良好な関係を維持していました。タリバーンは、確かアフガニスタンとパキスタンにまたがっているタジク族を母体にしていますね」と念押しをする。相手がうなずいたり、曖昧（あいまい）な返事をしたら、その人の言うことを信じてはいけない。タリバーンの母体になっているアフガニスタンとパキスタンにまたがって住んでいるのはパシュトゥーン族だ。タジク族は、アフガニスタンとタジキスタンにまたがって住んでいる。かつてタリバーンと対抗するアフガニスタンの北部連合の中心になったのがタジク族だ。こういう基礎知識をつけるのにもっとも適しているのが書籍だ。それだから、優れたインテリジェンスオフィサーは例外なく本好きなのである。

本書を読んでいただければ、取り上げたテーマに関する基礎知識が身につく。本書に取り上げたテーマ以外で知りたい問題がでてきたら、大型書店に行くことを勧める。そこで書店員に入門書、概説書としてどの本を読んだらよいか紹介してもらう。そして本の内容についての書評（ブックリビュー）を書いてみる。こういう作業を積み重ねれば、読者の知識は1年間で飛躍的に向上し、野蛮人から脱出することができる。

本書は『週刊プレイボーイ』（集英社）の連載（期間2008年10月〜2010年3月）を再構成し、加除修正を加えたものです。『週刊プレイボーイ』で連載を担当していただいた佐田尾宏樹氏にとてもお世話になりました。佐田尾氏の率直なアドバイスのおかげで毎回適切なテーマを設定することができました。深く感謝申し上げます。

また、単行本化にあたっては、スーパー編集者の小峯隆生氏、講談社の原田隆氏のお世話になりました。どうもありがとうございます。

2011年8月16日　箱根仙石原の仕事場にて

佐藤　優

文庫版特別講義《後編》

「知的野蛮人」になるための上手な選書術と巧い読書法

読む本の絞り込み方

——佐藤さんのベストセラー『読書の技法』（東洋経済新報社）の内容を、短く説明していただけないでしょうか。

非常に短くいうならば、自分の能力を等身大で見ましょう、ということです。

人はそうたくさんの本は読めません。ビジネスパーソンならがんばっても月5冊が限度でしょう。普通のペースで読む人ならば、月に2冊、年に24冊しか読めない。

そこで、本で教養を身につけようとすると、「数ある本の中から、真に読むに値する本を選び出す技法」がどうしても必要になるのです。

——読む本をいかにして選ぶか、「選書の技法」と思えばいいですか？

そういうことです。

しかし、その2冊をピンポイントで買うことはできません。

まず、必ず10倍買うこと。20冊です。その中に2冊、いいものがある。20冊選ぶならば、200冊買わなくてはいけない。

200－20－2と本を絞り込んでいく。その技法の話なのです。

絞り込むことができず、行き当たりバッタリに本を拾っていくならば、1年間読書をしても血肉になる本に1冊も出合えない。

――それは、不幸な1年です。

速読術がなぜ必要かというと、読まなくてもよい本をはじき出すためです。私の場合は、1冊を5分でざっと読む「超速読」で、「この本が自分にとって有益かどうか」「時間をかけて読むに値する本かどうか」の仕分けを行っています。

もっとも、『読書の技法』の対象読者は、一部上場企業勤務のサラリーパーソン、中央官庁の官僚、あるいは地方公務員で、なれるかどうかはわからないにしても、管理職を少なくとも目指してはいる人々です。だから非常にがっついた本の読み方で、そうでない人にはあまり参考にならない。

――出世するという目的があるから、この技法でいけるわけですね。

それに対して拙著『人に強くなる極意』（青春出版社）は、正社員として名誉と尊厳を保持して、会社員生活を全(まっと)うするためにはどんな知恵をつけたらいいか、という観点で書かれています。

――出世したかったら『読書の技法』、楽しい会社員生活を送りたければ『人に強くなる極意』を読めばいい。すると、本書は？

『読書の技法』に近いですね。

本を読める階層と読めない階層の二極分化

本を読む目的ということで思い出したのですが、今われわれが本を読まなければいけないのは、ネットの影響を断たなければいけないからです。

――といいますと？

ネットばかり見ていると、なぜ馬鹿になるのか。スマホばかり使っていると、なぜ馬鹿になるのか。それは、ネットで使われているのが、書かれた言葉であっても話し言葉だからです。ネットでは瞬時に反応するので、話し言葉でものを書くようになる。書き言葉の能力が衰えれば、読解力は当然衰えます。

こうしたネットの影響をいかに断つか。これは、今後、重要で新しい論点になります。

芥川賞作家の藤原智美氏が書いた『ネットで「つながる」ことの耐えられない軽さ』（文藝春秋）は、そのあたりのことをおそらく初めて書いた本で、非常にいい本です。

——最近は、電車の中でもスマホを見ている人ばかりです。

今後、本を読むことのできる階層と、本を読むことができない階層に二極分化していきます。いや、すでに分かれ始めていると言っていいでしょう。そして、読書習慣のついていない人は、最底辺にいくことになってしまう。

——ネットで、タダで見える範囲が、世の中のすべてだと思ってしまう悲しさ……。

もちろんスマホとネットは必需品ですが、それらに依存している「ネットだけ」の人は、経済的・知的劣者となる。

そこから抜け出すには、読書の習慣をつけなければならないのです。

——ネットでやりとりしないといけないからと「話し言葉」で書いていると、そのやりとりでどんどん馬鹿になっていく。これはどう防いだらいいですか？

たとえば、仕事などで重要なメールは、1回プリントアウトすることです。そして、ボールペンかシャープペンシルで推敲(すいこう)する。必ず直すところがあります。1回プリントアウトして、紙を使って推敲する。それからメールを打つ、という習慣をつけるだけで、だいぶ表現力が変わる。すると、読解力も必ず鋭敏になります。

本の受け売りでまったく問題ない

――多ジャンルの本を読んで博覧強記(はくらんきょうき)を目指すか、それとも、ある分野に特化して読んで深く突き詰めるか、読書人としてはどちらを目指すべきでしょうか?

両方です。

ボーリング(地中深くに細い穴を掘ること)のように、一つの分野だけを深く掘り下げていくというのは不可能です。ある特定の分野を深く掘り下げていくためには、その周辺の分野も同時に掘っていかなければダメなんです。円錐(えんすい)のイメージですね。

——広く浅く、露天掘りのように知識をちょっとずつ、平たく掘り下げていかなければならない。

そうです。

一番いいのは、古本屋で安い全集本を買って読むことです。文学だったら、世界の文学、日本の文学、歴史なら世界史と日本史。そのうちの一つを選んで幅広く読んでみたらいいと思います。

その上で、ピンポイントを一つずつ掘り下げていく。

——多ジャンルの本を読みながら、「おっ!!」と思ったところを掘り下げる。

多ジャンルを押さえておくと、「これは、理屈が崩れている」というように、変なものにピンと気がつくようになる。それが大切なのです。

それから、文章がしっかりしているものをある程度の量、読まなければいけません。その点、全集として長年生き残っている作品は、文章がしっかりしています。

——そうして読書をしていけば、本の受け売りはできるようになります。では、その次に、自分の考えを持つための読書法とはどんなものでしょうか。

それはない。

——ない⁉

重要なことは、ちゃんと受け売りができるようになることです。受け売りができるようになると、必ずその受け売りに付加されるものがあるからです。

受け売りというのは、１００％の繰り返しにはなりえません。何らかの付加がつくか、どこか割り引くことで「解釈」になるからです。

「自分の考え」という時、１００％のオリジナルな思想などというものがあると考えるのは、妄想です。世の中のほとんどすべてのことは受け売りであり、今までのものの積み重ねの上にある。

その中で、ごく一部、何か新しいことをつけ加えることができる人がいるかいないか、という程度の話。それができるのも１０００人に１人ぐらいでしょうね。

——そうすると、知識を発酵させる、などとよく言いますが……。

発酵させるというのは、基本的に生産者側の本の読み方です。つまり、本を書く人の発想。消費者側の本の読み方である「読者の技法」のほうは、力の入れどころが違います。知識を発酵させるというのは、あくまでも知的にクリエイティブな作業をしていく人が考えるべきことです。

ただ、知的にクリエイティブな作業をしていく人と、それを消費していく人とでは、クリエイティブな作業をする人のほうが偉いということは全然ない。それはたんなる棲(す)み分けだからです。

――ということは、本を読んで「なぜ俺は自分の考えを思いつかないのか」とがっかりしなくていいわけですね。

かまいません。それよりも、ちゃんと正確に把握できているかどうかが大事です。

記憶という点では、電子より紙の書籍のほうが圧倒的に楽

――ちゃんと読むには時間が必要です。読書タイムの捻出方法はどうしたらいいですか?

自分のライフスタイルに合わせて作ればいいと思います。ただし、1日の総読書タイムが60分未満では、あまり意味がないですね。

――なぜ、60分なのですか？

これは経験則です。ジョギングでも何でも、効果を得るには一定の時間が必要でしょ。毎日5分のジョギングではあまり意味がないですよね。サラリーパーソンならば、往復の通勤時間、昼休みを利用して、なんとか1時間以上の読書タイムを作り出してください。

――通勤とランチタイムを使えば、何とかなりそうですね。ところで、最近は電子書籍の点数も増えてきていますが。

紙の書籍にしかない強みとして、意外と軽視されていることがあります。それは、紙の書籍を読んだ時の記憶は「位置記憶」になるということです。

紙の本の重要性は、なんといっても三次元の物体であること。人間の記憶は二次元よりも、三次元のほうが絶対にいい。記憶の観点からすると、圧倒的に紙の書籍のほうが楽なのです。

――もう少し具体的に説明していただけますか。

たとえば私の場合、「○○に関する話は、あの本棚の一番上の段に置いてある、△△という本の終わりのほうに書いてあるな」というように、本の内容を「位置」で記憶しています。だから、○○に関する話について読み返したいと思った時、すぐにそれを引っ張ってこられる。

一方、電子書籍は二次元ですから、立体的に記憶できない。そこで、検索機能を使うわけですが、適当なキーワードを考えて、それを入力して、さらにその結果を一つひとつチェックして……とけっこう労力がかかります。

――「位置記憶読書術」ということでいえば、大阪に行く新幹線の中で、『読書の技法』を読んでみました。印象的な部分の時に、わざと外を見て、「名古屋の手前」と記憶しながら読む。すると、本の内容がとても頭に残りました。

読書ノートはハードルが高い。ページの端を折るだけでもいい

――読んだ本の内容をA４用紙１枚にまとめるにはどうしたらいいですか？

要約を作るのは、ちょっと負荷が大きすぎます。だから、抜粋を作る（抜き書

きをする）ことをおすすめします。

――読んでいて、自分がいいと思ったところをノートに書き写すのですか？

そうです。あるいは、ページの端を折ったりするだけでもいい。付箋（ふせん）を細かく色分けしてつけるとか、そういうことはしないほうがいい。本を読んで何かをまとめるとか、そういったことで一番大切なのは、継続してできることをやること。継続できない読書法では、ダメです。

――買った本は捨ててもいいのでしょうか？

私は仕事の関係上、本は捨てません。しかし、一般人には「捨てるな」とはおすすめできないですね。

まず、本棚の容量を決めておいて、そこが一杯になったら、整理して捨てるというのがいいでしょう。その時、同じ本が電子書籍にあれば買ってもいいと思います。

――一般人の本棚の容量は、どのくらいの冊数が最適ですか？

辞書を含めて300冊はどうしてもいると思います。それ以下だと、自宅図書館としての機能は果たせないでしょう。

――佐藤さんのこうした読書法に最も影響を与えたのは、どなたですか？

『先生と私』（幻冬舎）に書きましたが、中学生の時に通っていた塾の国語の先生です。読書感想文を書くといったことをここで教わりました。

あの当時の塾の先生というのは優秀な人が多くて、研究者として大学に残れるような人たちが、手っ取り早くお金を稼ぐために塾で講義をして、残りの時間はやりたいことをやっていましたから。

今のようにマニュアル化されて、要領の良い人が記憶の押し込み用の先生をやっている時代ではなかったのです。

――「詳しくは、その本を読んでください」というのが、継続した読書につながりますね。ありがとうございました。

著者紹介
佐藤　優（さとう　まさる）
作家。元外務省主任分析官。
1960年、東京都生まれ。1985年に同志社大学大学院神学研究科修了後、外務省入省。在英日本国大使館、在ロシア連邦日本国大使館に勤務した後、本省国際情報局分析第一課において、主任分析官として対ロシア外交の最前線で活躍。2002年、背任と偽計業務妨害容疑で東京地検特捜部に逮捕され、2005年に執行猶予付き有罪判決を受ける。2009年に最高裁で有罪が確定し、外務省を失職。2013年６月、執行猶予期間満了。
2005年に発表した『国家の罠——外務省のラスプーチンと呼ばれて』で第59回毎日出版文化賞特別賞受賞。2006年に『自壊する帝国』で第５回新潮ドキュメント賞、第38回大宅壮一ノンフィクション賞受賞。
『獄中記』『交渉術』『外務省に告ぐ』『国家の「罪と罰」』『読書の技法』『人たらしの流儀』『人に強くなる極意』『元外務省主任分析官・佐田勇の告白：小説・北方領土交渉』『先生と私』など著書多数。

この作品は、2011年11月に講談社より刊行された『野蛮人の図書室』を改題し、「文庫版特別講義」を追加するなど、加筆・再編集したものである。

ＰＨＰ文庫　「知的野蛮人」になるための本棚

2014年５月22日　第１版第１刷

著　者　佐藤　優
発行者　小林成彦
発行所　株式会社ＰＨＰ研究所
東京本部　〒102-8331　千代田区一番町21
文庫出版部　☎03-3239-6259（編集）
普及一部　☎03-3239-6233（販売）
京都本部　〒601-8411　京都市南区西九条北ノ内町11
PHP INTERFACE　http://www.php.co.jp/
組　版　朝日メディアインターナショナル株式会社
印刷所
製本所　図書印刷株式会社

ISBN978-4-569-76202-9

PHP文庫好評既刊

すっきりわかる！

超訳「哲学用語」事典

小川仁志 著

弁証法、メタファー、パラダイム……何となく知っているけれど正確な意味はわからない。そんな哲学語150を世界一わかりやすく解説！

定価 本体六四八円（税別）

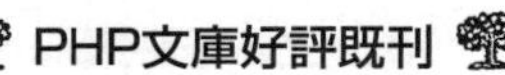

日本史の謎は「地形」で解ける【文明・文化篇】

竹村公太郎 著

『日本史の謎は「地形」で解ける』第2弾。前作同様、ミステリーの謎解きの快感と、固定概念がひっくり返る知的興奮が味わえる一冊。

定価 本体七〇五円（税別）